elizabeth george

COMO FAZER AS ESCOLHAS CERTAS

para refletir uma vida de **sabedoria e paz**

© 2012 por Elizabeth George
Publicado originalmente por
Harvest House Publishers
(Eugene, Oregon 97402)
www.harvesthousepublishers.com
Edição portuguesa © 2014, 2024
por Editora Hagnos Ltda.
Todos os direitos reservados.

2ª edição: junho de 2024

Tradução
Lena Aranha

Revisão
Andrea Filatro
Josemar Souza Pinto

Projeto gráfico e diagramação
Sonia Peticov

Capa
Julio Carvalho

Editor
Aldo Menezes

Coordenador de produção
Mauro Terrengui

Impressão e acabamento
Imprensa da Fé

As opiniões, as interpretações e os conceitos emitidos nesta obra são de responsabilidade da autora e não refletem necessariamente o ponto de vista da Hagnos.

Todos os direitos desta edição reservados à
Editora Hagnos Ltda.
Rua Geraldo Flausino Gomes, 42, conj. 41
CEP 04575-060 — São Paulo, SP
Tel.: (11) 5990-3308

E-mail: hagnos@hagnos.com.br
Home page: www.hagnos.com.br

Dados Internacionais de Catalogação na Publicação (CIP)
(Câmara Brasileira do Livro, SP, Brasil)

George, Elizabeth

Como fazer as escolhas certas : para refletir uma vida de sabedoria e paz / Elizabeth George; tradução Lena Aranha. — 2. ed. — São Paulo: Hagnos, 2024.

Título original: A Woman's Guide to Making Right Choises.
ISBN 978-85-7742-530-3

1. Autoajuda – Aspectos religiosos
2. Escolha (Psicologia) – Aspectos religiosos
3. Mulheres cristãs
4. Tomada de decisão – Aspectos religiosos – Cristianismo
I. Aranha, Lena.
II. Título.

24-206930   CDD 248.843

Índices para catálogo sistemático:
1. Mulheres cristãs: Vida cristã: Cristianismo   248.843

SUMÁRIO

capítulo um
A vida é cheia de escolhas 7

capítulo dois
Sete passos para fazer as escolhas certas 19

capítulo três
Aproveitando seu dia 35

capítulo quatro
Alimentando a chama de seu coração 50

capítulo cinco
Fortalecendo-se para um grande dia 64

capítulo seis
Tendo uma vida mais parecida com a de Jesus 79

capítulo sete
Tirando o melhor proveito de seu tempo. 93

capítulo oito
Acabando com seu hábito de se preocupar .105

capítulo nove
Administrando suas amizades 116

capítulo dez
Prestando atenção naquilo que você diz 129

capítulo onze
Expandindo sua mente......................................143

capítulo doze
Praticando suas prioridades • Parte 1.........................154

capítulo doze
Praticando suas prioridades • Parte 2.........................164

capítulo treze
Contando com a orientação de Deus 172

    Uma palavra final sobre escolhas:
    criando uma vida maravilhosa............................181

    Notas..187

Guia de estudo
Questões para o estudo: Como fazer escolhas certas 191

    Plano de leitura diária para ler a Bíblia em um ano 233

capítulo **um**

A VIDA É CHEIA DE ESCOLHAS

Maria escolheu a boa parte,
e esta não lhe será tirada.
— Lucas 10:42

"Você recebeu? Recebeu?", foram as perguntas veementes de meu marido mesmo antes de ele entrar em casa após o trabalho.

— Recebeu o quê?, respondi inocentemente enquanto interrompia a preparação do jantar a fim de saudá-lo.

— Recebeu a carta?

— Que carta? (Eu não tinha certeza por quanto tempo poderia manter essa atitude de aparente ignorância. Afinal, havíamos recebido mais de uma carta naquele dia.)

— A carta da igreja. Aquela sobre o novo ministério de mulheres.

— Aaah, *aquela* carta.

— Então, o que achou? Vai fazer parte desse ministério? Você se candidatou para esse ministério?

— Bem... joguei a carta na lata de lixo. Não creio que o ensino seja minha área de atuação. Tenho certeza de que muitas outras mulheres poderiam fazer um trabalho muito melhor ao ensinar a Bíblia. E você, como pastor, deveria saber o que a Bíblia diz: *Meus irmãos, muitos de vós não devem ser mestres, sabendo que seremos julgados de forma mais severa* (Tiago 3:1).

Bem, essa foi mais ou menos a cena que aconteceu em nossa cozinha, enquanto Jim e eu discutíamos sobre a carta enviada pela liderança da igreja. O texto anunciava a formação de um novo ministério de mulheres e, para dar início ao trabalho, eles perguntavam se alguma das esposas dos líderes estaria disposta a realizar uma oficina, um *workshop*, para mulheres.

Jim, sempre o encorajador positivo — na verdade, o encorajador extremamente positivo! —, procurou a carta no lixo e a desamarrotou no balcão da cozinha. Sorriu e, com doçura, lembrou-me de que, nos últimos dez anos, eu andava estudando o que chamávamos de "as passagens cor-de-rosa" na Bíblia. E sua salva final de tiros contra meu escudo resistente foram estas palavras: "Você não acha que, depois de todos esses anos estudando as mulheres da Bíblia, talvez tenha algo a dizer sobre o assunto?".

Bem, com esse banho de realidade e essa indagação pairando sobre minha cabeça, eu estava diante de uma séria escolha. Será que eu escolheria ceder a meus temores e recusaria a oportunidade, ou escolheria confiar em Deus para de alguma forma atravessar essa provação, conforme eu suspeitava que seria?

Bem, para acabar a história, escolhi dar uma aula sobre as mulheres da Bíblia. Para meu alívio, apenas seis mulheres se matricularam no curso. Fiquei muito satisfeita! Assim conseguiria lidar com essa situação. Andei pela casa por muitos *dias*, dizendo: "Obrigada, Senhor! Ah, muito obrigada, Senhor!". Minhas seis novas amigas e eu nos sentamos em um círculo e passamos um bom tempo juntas semana após semana. E continuei a agradecer a Deus por sua misericórdia!

Então, quando o semestre do novo estudo bíblico para mulheres estava próximo do fim, recebi outra carta. O texto começava da seguinte maneira: "Querida esposa de líder...". Dessa vez, o conselho pedia a mim e às outras envolvidas no ministério para orarmos a fim de podermos repetir o curso para mulheres. Portanto, por ter tomado a decisão inicial de ensinar, aceitei o convite. No entanto, dessa vez o número de mulheres matriculadas chegou a sessenta. Foi algo totalmente *inesperado* para mim — sessenta mulheres? Isso representava um ambiente totalmente distinto do cenário anterior tão aconchegante, e tudo deveria ser um tanto mais formal — um estande de leitura, um microfone, uma sala de aula. Contudo, aceitei a dificuldade e decidi oferecer o curso só mais uma vez... ou pelo menos foi o que imaginei!

Depois, recebi a terceira carta: "Querida esposa de líder...". (Enquanto lia o texto, pensei: *Será que ainda não sabem nosso nome? Afinal, estamos ensinando na igreja e ajudando esse novo ministério a decolar!*) A carta, conforme você deve ter adivinhado, perguntava se eu estaria disposta a oferecer pela terceira vez o curso para as mulheres que ainda não haviam tido a oportunidade de fazê-lo.

Bem, eu sabia que não poderia haver mais que sessenta mulheres na classe. Então, aceitei o convite. Antes de eu contar o que se passou, lembre-se de que Jim e eu frequentamos uma igreja com mais de 10 mil membros. O que aconteceu foi que seiscentas mulheres apareceram para o curso. Então, tivemos de oferecer o curso no auditório da igreja. Tudo que posso dizer é "Bendito seja o Senhor"! Deus é fiel e não nos dá mais do que aquilo com que podemos lidar (1Coríntios 10:13)! Isso não é demais?!

A questão é que isso não diz respeito ao tamanho da sala de aula ou ao número de participantes. Antes, a questão é que tomei a decisão de dar um passo pela fé, confiando em Deus, deixando de lado meus temores e me concentrando nas outras pessoas. E Deus honrou essa escolha. Essa decisão foi feita por uma serva relutante do Senhor e acabou me lançando no ministério de ensino e escrita. Quem poderia imaginar?! Talvez outras pessoas tivessem vislumbrado esse desfecho, mas eu não.

SUA VIDA É CHEIA DE ESCOLHAS

Agora, você pode estar pensando: *Fico feliz por não ter de fazer esse tipo de escolha! Definitivamente, eu não tenho o dom de ensinar a Bíblia!* Contudo, e quanto a ter de escolher como educar seus filhos — matriculá-los em uma escola cristã ou na escola pública? Ou quem sabe cuidar de seu pai ou de sua mãe na velhice — na sua própria casa, na casa de um dos irmãos ou em um residencial para idosos? A lista de escolhas não tem fim. E, com frequência, parece que as decisões que precisam ser tomadas batem forte à sua porta antes mesmo de você se levantar todos os dias!

Ao começarmos a reunir algumas diretrizes para fazer as escolhas certas, você já sabe que a vida é cheia de escolhas. Na realidade, você teve de fazer uma escolha antes de começar a ler este livro sobre como fazer escolhas! Portanto, a questão não diz respeito meramente ao ato de fazer escolhas em si; antes, trata-se de aprender a fazer não apenas boas escolhas, mas as melhores escolhas.

Eis algumas ideias que ajudarão você a começar a pensar neste tema:

As escolhas sempre resultam em consequências. Recentemente, meu marido estava lendo um livro intitulado *How to Ruin Your Life by 40* [Como arruinar sua vida até os 40 anos], de Steve Farrar.[1] No primeiro capítulo, somos apresentados a uma jovem de 18 anos, Jane, que acabou de perder o marido. Sem nenhuma fonte de sustento, mãe de duas crianças pequenas, ela vai até um penhasco à beira de um lago com a intenção de dar cabo da vida.

A história prossegue para relatar como a atenção dessa jovem atormentada acaba sendo atraída por algo que acontecia do outro lado do lago. Com essa interrupção em seu pensamento sombrio, a jovem decide dar meia-volta, sair daquele local e voltar para casa. Bem, nada havia mudado. Sua vida ainda parecia sem esperança. No entanto, algumas semanas depois da experiência à beira do lago, Jane abraça a fé em Cristo. Mais tarde em sua vida, encontra o capitão John Guinness e se casa com ele, cujo tataraneto é Os Guinness, afamado apologista cristão e autor de mais de vinte livros.

Veja como Steve Farrar conclui a história de Jane Guinness:

> Ela [Jane] tinha uma escolha a fazer, e essa escolha acarretaria consequências.
>
> Esse conceito é conhecido como causa e efeito.

Com a escolha errada, ela arruinaria a infância de seus filhos pequenos.

No entanto, aos 18 anos, Jane fez a escolha certa. E sua família hoje, quase duzentos anos depois, ainda é grata por essa escolha.

As escolhas que você faz em sua vida são tão relevantes quanto a de Jane.[2]

As escolhas nem sempre têm o mesmo peso. Obviamente, a escolha de Jane foi de grande valor. Foi uma escolha entre a vida e a morte. Muitas escolhas que você faz são mais cotidianas: que roupa vestir para uma festa ou chá de bebê, ou que tipo de cereal ingerir no café da manhã. Contudo, vez ou outra você depara com escolhas mais sérias, potencialmente transformadoras de vida, como qual carreira seguir ou se você deve se casar ou não. Por não saber de antemão como alguma escolha vital que você faz em um único dia impactará sua vida, você certamente gostaria de lidar com cada escolha com cuidado e pedir a sabedoria e orientação de Deus.

As escolhas também acontecem por omissão. O fato de você viver adiando uma visita ao médico sobre uma dor persistente é de fato uma escolha. Você tem medo do que essa dor pode representar, portanto fica protelando a consulta. Esperar para tomar uma decisão nem sempre é algo ruim, mas, nesse caso, um atraso pode significar a diferença entre a vida e a morte. Quando nos sentimos desconfortáveis sobre uma escolha, algumas vezes postergamos fazer o que é certo, justo, honrado ou edificante — como pedir perdão a alguém.

Em outros momentos, postergamos porque somos preguiçosos ou não pensamos que o assunto é muito importante... ou tomará muito de nosso tempo! Considere uma escolha simples como ler a Bíblia. Você pode afirmar: "Não tenho tempo para ler a Bíblia". E, assim, não a lê. No entanto, na realidade, se você fosse honesta consigo mesma, admitiria que está realmente dizendo: "Estou escolhendo não ler a Bíblia".

As escolhas só têm dois resultados. As escolhas são boas ou ruins. Certas ou erradas. E metade de uma escolha errada — ou parcialmente errada — ainda é uma escolha errada.

Meu exemplo favorito é: "Vou fazer isso depois". Embora eu possa ter a melhor intenção de fazer a escolha certa, o que acontece em geral é que minha escolha parcialmente errada de fazer algo mais tarde leva a uma escolha totalmente errada quando não chego a agir, ou seja, quando acabo de fato não fazendo essa escolha!

Reconhecer que há apenas dois resultados ajuda a tornar mais claro para você o processo de tomada de decisão. Quando você depara com uma escolha a ser feita, ou você a faz ou não a faz. E, se você souber que há algo extremamente importante que precisa fazer para beneficiar os outros, faça isso imediatamente.

As escolhas são com frequência feitas por influência de outras pessoas. O ambiente, a cultura, a família, os amigos, os temores, o orgulho, a ganância — todas essas forças externas exercem influência em sua vida.

A solução de Deus? Envolva-se com o maior número possível de influências positivas. Caso contrário, a observação do apóstolo Paulo se comprovará verdadeira em sua vida: *Não vos enganeis. As más companhias corrompem os bons costumes* (1Coríntios 15:33).

As escolhas certas exigem premeditação. O livro de Provérbios adverte reiteradas vezes contra a tomada de decisão precipitada e chama de *tolo* o indivíduo que se apressa a entrar em problemas (Provérbios 13:16).

O que você pode fazer? Retardar suas decisões o máximo que puder. Isso ajudará você a tomar a decisão mais correta possível, no que diz respeito ao tempo — tempo gasto em oração, tempo gasto buscando a direção da Bíblia e tempo gasto ouvindo conselhos sábios.

As escolhas certas colocam você no centro da vontade de Deus. A vontade perfeita de Deus sempre vem com as escolhas certas. Essa é a razão pela qual é tão importante estudar a Palavra de Deus, orar e buscar conselhos piedosos. *Assim, meus amados, como sempre obedecestes, [...] realizai a vossa salvação com temor e tremor; porque é Deus quem produz em vós tanto o querer como o realizar, segundo a sua boa vontade* (Filipenses 2:12,13).

Algumas coisas das quais se lembrar quanto às escolhas

- Escolhas atraentes às vezes levam ao pecado.
- Escolhas boas têm resultados positivos de longo prazo.
- Escolhas certas algumas vezes são difíceis.[3]

OBSERVANDO AS ESCOLHAS PELO ESPELHO RETROVISOR

Façamos uma breve reflexão. Mais cedo, vimos que as escolhas sempre têm consequências. Em meu caso, quando me voluntariei para dar minha primeira aula, a consequência foi ter de estudar, me preparar para as aulas, ficar diante de todas aquelas mulheres e orar sem parar para que minha mente e boca funcionassem... e para que minhas pernas parassem de tremer! De início, foi uma consequência assustadora, mas, com o passar do tempo — e com a ajuda do Senhor! —, ganhei experiência inestimável e aprendi a lidar com as exigências e os medos.

Você provavelmente já participou de algum retiro ou estudo bíblico em que havia tempo para as mulheres compartilharem umas com as outras sobre as escolhas que fizeram no passado. Em certo sentido, é como se elas estivessem olhando para o passado pelo espelho retrovisor e revendo tudo o que aconteceu com elas.

Bem, o que posso dizer é o seguinte: "Louvado seja o Senhor, Deus realizou algumas curas muito importantes na vida dessas preciosas mulheres. Graças a Deus, elas não mais têm de viver no passado". Contudo, ao mesmo tempo, ainda conseguem ver, lembrar, experimentar e reviver as consequências de suas ações. Algumas vezes, a linguagem delas inclui frases como...

Desviei-me do caminho...

Fui como o filho pródigo...

Abandonei o Senhor...
Peguei o atalho do pecado...
Perdi o primeiro amor...
Afastei-me da verdade...
Tomei algumas decisões equivocadas...
Perdi as estribeiras...
Envolvi-me com o grupo errado de pessoas...

Enquanto você ouve esse tipo de história durante sessões de compartilhamento, já se surpreendeu pensando: *O que aconteceu? Como alguém se desvia do caminho, perde o primeiro amor por Jesus, afasta-se da verdade ou envolve-se com o grupo errado de pessoas?*

Bem, sabemos o que acontece, não é verdade? De alguma maneira, em algum momento, faz-se uma escolha errada. Talvez seja apenas uma pequena mentira. Quem sabe certa falta de cuidado com o que é certo. Uma mínima quebra de regras. E daí, pouco a pouco, essas escolhas menores, embora erradas, transformam-se em algo maior e mais fácil... até que um dia essa mulher percebe que sua vida se transformou em uma grande confusão.

AS MULHERES DA BÍBLIA E SUAS ESCOLHAS

Não sei quanto a você, mas eu me sinto reconfortada e plenamente segura ao *saber* que a Bíblia é sempre relevante para meus desafios como mulher. Está repleta — e transborda! — de sabedoria divina e orientação 100% garantida. Jamais deixa de oferecer ajuda para as muitas escolhas que você e eu enfrentamos hoje. Veja alguns exemplos a seguir.

Eva fez uma escolha. — Literalmente, desde o início da história bíblica, Eva, a mãe de todas as mulheres, deparou com escolhas. Provavelmente, você está familiarizada com essa parte da história de Eva, a primeira mulher na terra e a esposa de Adão (veja Gênesis 3:1-6). A serpente pediu a ela que escolhesse seguir o próprio caminho e comer o fruto belo e aparentemente delicioso, porque essa atitude a tornaria uma pessoa mais esperta e inteligente. Fazer essa escolha significava desobedecer a Deus, pois o Senhor proibira Adão e Eva de comer o fruto dessa árvore em particular.

Bem, o mundo todo ainda cambaleia por causa dessa escolha errada. Eva comeu! Não se importou com o que Deus havia dito. Não se importou com seu marido. Não se importou com as consequências que reverberam ao longo de todas as eras. Não se importou de causar danos a seus descendentes. Eva queria o que Eva desejava — e Eva comeu!

A esposa de Ló fez uma escolha. Nem me peça para falar sobre seu marido, Ló. Ohhh! Ele escolheu — isso mesmo, escolheu — mudar-se com a família e as posses para o vale viçoso e verdejante de Sodoma e Gomorra, as duas cidades mais perversas daquela época (Gênesis 13:10,11).

O triste resultado do flerte de Ló com o mundo aconteceu quando Deus enviou dois anjos para salvar Ló e sua família antes de trazer destruição para essas cidades perversas e seu povo. Os anjos alertaram claramente Ló e sua esposa de não olharem para trás, de não olharem para essas cidades. Isso ficou muito claro, não é mesmo? No entanto, é evidente que a sedução do "estilo de vida da cidade grande" era muito atraente para a sra. Ló, e ela olhou para trás. De forma intencional, ela fez a escolha errada, e isso lhe custou a vida, pois ela se transformou instantaneamente em uma estátua de sal (Gênesis 19:26).

Maria fez uma escolha. Você consegue se lembrar de como era tola quando adolescente, aos 15 anos de idade? Bem, essa não é bem a jovem Maria que encontramos em Lucas 1:26-38. Quando confrontada pelo anjo Gabriel, que lhe transmitiu a oportunidade de se tornar a mãe humana do Filho de Deus, Maria poderia ter declinado o convite. Veja bem, ela estava comprometida com um homem maravilhoso, José. Ela sabia quais seriam as consequências caso escolhesse aceitar a vontade de Deus, pois isso representaria a dissolução imediata de seu noivado.

O que Maria fez? Escolheu confiar em Deus. E eu simplesmente adoro as palavras proferidas por ela ao aceitar o convite: *Aqui está a serva do Senhor; cumpra-se em mim a tua palavra* (Lucas 1:38).

Outra Maria fez uma escolha. Qual foi o convidado mais importante que já esteve em sua casa para o jantar? Bem, apenas imagine a agitação que tomou conta da casa de Lázaro, Maria e Marta quando Jesus e os discípulos apareceram para jantar (Lucas 10:38-42). Marta não perdeu tempo e começou a preparar a refeição para seus ilustres convidados. Em algum momento, Marta ficou frustrada. Sem refletir muito sobre o assunto, reclamou com Jesus por causa de Maria, sua irmã e ajudante, que estava sentada aos pés de Jesus ouvindo seus ensinos, em vez de auxiliar a irmã com os preparativos para o jantar.

É claro que os preparativos precisavam ser feitos. E ter doze convidados para jantar representa uma casa cheia! No entanto, foi assim que Jesus avaliou a escolha de Maria em parar com seu serviço para se sentar a seus pés e ouvi-lo: *Maria escolheu a boa parte, e esta não lhe será tirada* (Lucas 10:42). Era como se Jesus estivesse dizendo: "Ouça, Marta, você tem a vida toda para preparar e servir refeições, mas hoje você tem a mim. Não repreenda sua irmã. Maria fez uma escolha mais excelente". (E sei que isso não está na passagem da Bíblia, mas gosto de imaginar que talvez Jesus tenha se movido um pouquinho para o lado, abrindo espaço para Marta se sentar ao lado dele.)

A ESCOLHA É SUA

Tenho certeza de que você já sabe que suas ações dependem de escolhas. Também sabe que algumas das escolhas estão fora de seu controle. Você não tem controle sobre a quantidade de horas que trabalha, os horários dos ônibus da cidade ou a escola das crianças, nem sobre a programação da igreja.

Você consegue captar o cenário.

No entanto, uma profusão de escolhas chega a cada novo dia — quase à razão de uma por minuto! — para que você as faça. E essas escolhas, minha amiga, dizem respeito à sua vontade. Você precisa decidir o que fará ou não fará, como agirá ou não agirá em determinada situação. Você precisa fazer escolhas, o que significa que não pode culpar ninguém pelo que acontecer depois de suas decisões!

Felizmente, se você ainda não estiver fazendo as boas e as melhores escolhas, este livro a ajudará a aprender a escolher de forma sábia.

Apenas mais um ponto neste início de jornada: você não pode apagar uma escolha errada nem suas consequências indesejáveis. No entanto, você pode *escolher aprender* a partir de cada escolha errada. Você pode *registrar* essas escolhas equivocadas e tomar a decisão de *deixá-las* para trás. Você — com a experiência passada e a ajuda de Deus — se sairá melhor da próxima vez. Fará uma melhor escolha!

Não importa a sua situação, nosso Deus quer entrar em sua vida e ajudá-la a recolher os cacos, juntando-os pela salvação e graça que acompanham a aceitação de Jesus como Salvador e o caminhar por intermédio de seu Espírito. Nada do que tenha acontecido em sua vida está fora do alcance das mãos amorosas do Deus de todo o consolo, do Deus de toda a graça, do Deus de toda a cura e em especial do Deus que ama você de forma incondicional, independentemente de seu passado — e independentemente de suas más escolhas! Que Deus magnífico você tem e serve!

As diretrizes de Deus para você fazer as escolhas certas

As diretrizes apresentadas a seguir ajudarão você a caminhar ao longo de seu dia, confiante de que está buscando fazer as escolhas certas.

- Trate cada dia como importante para sua vida. *Ensina--nos a contar nossos dias para que alcancemos um coração sábio* (Salmos 90:12).

- Reconheça sua necessidade de ter sabedoria — e peça por ela. *Se algum de vós tem falta de sabedoria, peça a Deus, que a concede livremente a todos sem criticar, e lhe será dada* (Tiago 1:5).

- Desenvolva um profundo respeito por Deus. *O temor do Senhor é o princípio da sabedoria; e o conhecimento do Santo é o entendimento* (Provérbios 9:10).

- Mantenha um relacionamento vital com Jesus. ... *para que o Deus de nosso Senhor Jesus Cristo, o Pai da glória, vos dê o espírito de sabedoria e de revelação no pleno conhecimento dele* (Efésios 1:17).

- Pague o preço que for necessário pela verdade. *Compra a verdade e não a vendas; sim, a sabedoria, a disciplina e o entendimento* (Provérbios 23:23).

capítulo **dois**

SETE PASSOS PARA FAZER AS ESCOLHAS CERTAS

> Toda mulher sábia edifica sua casa;
> a insensata, porém, com as mãos a derruba.
> — Provérbios 14:1

Ah, a vida de escritora! Você aborda um livro de uma maneira... só para descobrir que no meio do caminho é preciso fazer uma mudança realmente brusca!

Foi exatamente o que aconteceu comigo ao escrever este livro. De início, meu plano era encerrar o título *Como fazer escolhas certas* com um capítulo intitulado "Sete passos para a sabedoria". São as sete ações que me ajudaram conforme eu buscava fazer as escolhas certas. No entanto, enquanto eu digitava o texto do livro, adiando de forma intencional o compartilhamento dessa lista transformadora e salvadora de vida, percebi que tomara a decisão errada — ou, para acompanhar o título deste livro, fizera a *escolha* errada. Havia uma escolha certa a fazer, e era uma decisão de colocar o assunto deste capítulo, "Sete passos para a sabedoria", bem no início do livro. Veja bem, essas sete ações formam uma breve lista — talvez até mesmo um atalho — para fazer as escolhas certas.

Além disso, sei (por experiência!) que nem todos os leitores chegam ao fim do livro ou lê o último capítulo. Portanto, fiz a escolha de compartilhar essa lista logo no início. E apresento-a exatamente aqui com uma oração para que você — começando com a próxima escolha ou decisão que tenha de enfrentar — coloque em prática essa lista.

De onde vem esta lista? Eu a elaborei durante minha primeira década de vida cristã enquanto estudava a Bíblia — o livro que tem todas as respostas para todos os nossos questionamentos e para todos os nossos problemas, o livro que contém a sabedoria de Deus com todas as instruções e informações de que precisamos para tomarmos as decisões certas e fazermos as escolhas certas. Esses sete componentes das Escrituras têm por objetivo prover sabedoria (ou pelo menos chegar o mais próximo da sabedoria). Em outras palavras, eles nos levam e nos auxiliam a fazermos as escolhas certas.

AJUDA PARA SUA JORNADA AO LONGO DA VIDA

Fundamentada em minha experiência, posso prometer que esses sete passos para a sabedoria ajudarão você nas escolhas de sua vida. Eles me ajudaram a ser uma esposa útil e completa para Jim enquanto ele fazia a transição de sua carreira de farmacêutico para funcionário de uma grande empresa; depois para estudante de teologia em um seminário; daí para pastor e professor de seminário; e, por fim, para missionário, palestrante e autor. Atualmente, ele atua como pastor associado na igreja da qual somos membros.

Esses princípios também me auxiliaram a educar minhas duas filhas. Mãe de duas meninas com apenas treze meses de diferença, cada minuto do dia representava um desafio — ou cinquenta! E ali estava eu, sempre procurando me lembrar de seguir esses passos de sabedoria. Hoje, minhas filhas estão casadas com homens ocupadíssimos e responsáveis, pais e provedores, e sou avó de oito crianças.

Esses passos de sabedoria também me guiaram a ser o tipo de filha que Deus gostaria que eu fosse para meus pais quando eles envelheceram e adoeceram, apesar de eu ser extremamente ocupada com a própria família.

Como você, tive de tomar decisões difíceis, escolhas penosas, em relação a questões da vida diária — e ainda tenho de fazer isso. O vasto escopo de incidentes inclui todo tipo de tribulações, emergências, surpresas e tragédias. E esses sete passos me ajudaram em cada etapa ao longo do caminho — escolha a escolha — no decorrer dessas décadas.

Assim, você está pronta? Se estiver, aqui vamos nós!

Sete passos para a sabedoria

PASSO 1: PARE!

Imagine uma situação. Você está desfrutando alegremente de seu dia. Até aí, tudo bem. Por um período de tempo, você navega em águas tranquilas. Talvez chegue até a pensar: *Uau, olhe para mim agora! Veja-me velejar! Não deparei com nenhuma lombada até agora. A vida é bela!*

E, de repente... tudo sai dos eixos. O telefone toca. O carteiro pede sua assinatura. Um vizinho passa para tomar um cafezinho. Ocorre um acidente. O chefe fica uma fera. As crianças chegam da escola ou seu marido chega do trabalho. E toda aquela paz e ordem e bem-estar e controle que existiam em seu dia perfeito desabam. É como se alguém, do nada, lançasse um torpedo sobre seu maravilhoso navio. Você fica chocada, ferida, cega, totalmente surpresa ou arrasada. É como se puxassem seu tapete ou se você perdesse o chão.

Qual é a primeira resposta que a maioria das pessoas em geral dá quando algo similar acontece? Em uma palavra, elas *reagem*. A tendência natural é revidar, responder, reagir, explodir, desabar, chorar, jogar as mãos para o alto e desistir. Seu orgulho é ferido. Talvez você esteja até mesmo fisicamente ferida. Ou quem sabe tenha ficado magoada. Você está confusa.

Bem, nesse momento crítico, talvez a primeira escolha a fazer seja parar. Penso nessa parada como um carro freando abruptamente! Puxe o freio de mão — de suas emoções, de sua boca, de suas ações. *Pare!* E posso acrescentar: *pare de imediato!*

Por quê? Porque o caminho mais seguro para fazer a escolha errada é apressar-se em sua resposta sem raciocinar sobre o assunto. Ou seja, falhar em parar e não pensar antes de agir, tomar uma decisão rápida, instantânea ou emocional sem se certificar de que você sabe a escolha certa a fazer.

Você pode confirmar isso diretamente em sua Bíblia: *Não é bom agir sem pensar; quem tem pressa erra o caminho* (Provérbios 19:2). Você também pode ler que *da boca dos ímpios jorra maldade*, enquanto o *coração do sábio instrui sua boca e aumenta em seus lábios o conhecimento* (Provérbios 15:28; 16:23).

Se você *parar* antes de falar, viverá uma de minhas gotas de sabedoria favorita: *Quando se cala, até o tolo passa por sábio, e o que fecha os lábios, é visto como homem de entendimento* (Provérbios 17:28). Em outras palavras, melhor ficar de boca fechada e ser considerada uma mulher sábia do que abri-la e provar que você é tola. Mais uma vez, apenas *pare*.

O fracasso pode acontecer tão rapidamente! É como um raio. Em um minuto, as coisas estão bem e, no seguinte, parece que desabaram, e o resultado é pura devastação. Basta deixar de parar antes de fazer algo, antes de agir, antes de se mover, antes de falar, e, provavelmente, você acabará desviando-se do caminho correto. Você simplesmente falha.

Com certeza, existem algumas decisões que você precisa tomar instantaneamente. Contudo, mesmo que sua casa esteja pegando fogo, ou que haja uma emergência médica ou um acidente, ou ainda que você sinta que o bebê está prestes a nascer *agora*, você pode parar por um milésimo de segundo e respirar fundo, repassando em sua mente algumas opções e clamando: "Ajuda-me, Senhor!". Essa parada de um ou dois segundos pode ajudar você a criar um plano de ação enquanto corre para solucionar essa crise.

Portanto, pare. Esse é o passo 1. *Depois,* você pode começar a olhar e ouvir. Então, pode começar a buscar ajuda. Buscar soluções. Buscar respostas. E daí pode ouvir o sábio conselho de outras pessoas e, acima de tudo, a voz suave e tranquila de Deus orientando e instruindo você sobre como lidar com esse problema da maneira do Senhor.

PASSO 2: ESPERE

Parar e esperar podem ser atitudes combinadas porque uma flui naturalmente da outra. Assim que você para antes de fazer *algo*, ganha tempo para começar a decidir fazer *algo*... ou talvez *nada*. Esperar antes de agir ou reagir também serve para ganhar tempo a fim de tomar a decisão real.

Sei que, muitas vezes, a espera me dá oportunidade para tomar a decisão e escolher não fazer nada. Outras vezes, esperar me deu tempo para pensar sobre algo de forma minuciosa. Quando alguém diz algo ferino ou pessoal para mim, se eu parar e não fizer nada, não revidarei. Não repreenderei essa pessoa. Não farei um sermão para ela. E o resultado final é que não serei confundida. Não cometerei erros. Não levarei uma rasteira de minhas emoções nem pecarei.

Se eu apenas conseguir esperar, terei tempo para mais tarde — talvez no carro ou assim que chegar em casa e me distanciar da situação — pensar sobre o que levou aquela pessoa a dizer coisas destrutivas para mim. Algumas vezes o amor supre a razão para o comportamento de alguém. Outras vezes o amor tem de conversar com as pessoas, chegando até mesmo a confrontá-las.

Devo dizer-lhe que, muitas vezes, porque esperei para agir ou responder, fui capaz de dar o benefício da dúvida à pessoa ofensora. Por exemplo, talvez eu conheça uma mulher que faz comentários ferinos, mas a situação familiar dela é extremamente difícil, e percebo que devo lembrar-me de orar por isso. Outras vezes, esperar deu-me tempo para me lembrar de que não sou responsável pelo comportamento dos outros, mas sou totalmente responsável pelo meu comportamento!

E a espera também nos dá controle. Já ouviu sobre contar até dez? Bem, isso ajuda muito. Serve para ganhar tempo, olhar para Deus e tocar em seu fruto do Espírito chamado *domínio próprio* — junto com muito *amor, alegria, paz, paciência, benignidade, bondade, fidelidade [e] amabilidade* (Gálatas 5:22,23).

A espera também nos dá tempo para colocar o *vestido incorruptível de um espírito manso e tranquilo, que é de grande estima diante de Deus* (1Pedro 3:4, TB). Um espírito *manso* significa que você não provoca outros, enquanto um espírito *tranquilo* quer dizer que você não reage aos distúrbios causados pelos outros.

Esperar dá a você tempo para respirar fundo — tanto em seus pulmões quanto em sua alma — de modo que possa responder como a mulher de Provérbios 31: *Abre sua boca com sabedoria, e o ensino da benevolência está na sua língua* (v. 26).

Gosto do seguinte gracejo (que não era para ser um gracejo), o qual ressalta o valor da espera antes da reação: "Sempre deixe para amanhã aquilo que você não deveria fazer de forma alguma".[1] Em outras palavras, esperar e adiar as escolhas, as ações e s reações erradas podem impedir que você faça algo que não deveria fazer de forma alguma — jamais!

Você deve estar perguntando quanto deve esperar... Mais uma vez, se a casa estiver pegando fogo, não espere muito! (Continuo mencionando a casa pegando fogo porque meu marido e eu vivenciamos essa terrível experiência!) Se você precisar ligar para a polícia ou para o bombeiro, *enquanto* estiver estendendo a mão para pegar o telefone, faça uma pausa mental, considere a situação, determine qual *deve* ser sua primeira atitude, pense em Deus, na presença dele em sua vida e no cuidado dele para com você, e espere pela direção do Senhor.

Devo reconhecer que, em algumas circunstâncias, tive de esperar um dia, uma semana, um mês ou até mesmo um ano antes de saber a forma correta de proceder ou a melhor forma de lidar com uma situação difícil e espinhosa. Haverá ocasiões em que você também precisará esperar algum tempo. E enquanto estiver esperando e por que estiver esperando, terá tempo para gastar com a Palavra de Deus, ouvindo o que ele tem a dizer. E assim você terá um tempo doce e precioso para esperar em oração enquanto conversa com Deus sobre sua situação.

PASSO 3: BUSQUE AS ESCRITURAS

Parafraseando Sócrates, "o homem mais sábio é aquele que reconhece a própria ignorância". Portanto, comecemos exatamente nesse ponto — nossa ignorância. Não sei quantas vezes você já leu sua Bíblia ou de quantos estudos bíblicos já participou. Entretanto, quando você está diante de uma questão, um problema ou uma dificuldade, ainda precisa recorrer às Escrituras com um novo olhar para saber o que Deus diz sobre essa situação.

Dessa forma, até ter buscado Deus em primeiro lugar, resista à tentação de correr para sua melhor amiga ou irmã ou telefonar para sua mãe. Você precisa da informação de Deus e de sua direção e perspectiva — e não das opiniões ou da comiseração de suas amigas ou de alguém com quem possa contar porque essa pessoa tem uma conexão íntima, emocional ou familiar com você. Você não está em busca de solidariedade. Nem de "uma amiga que só diz sim". Não está em busca de conforto ou de alguém que fique do seu lado independentemente das circunstâncias. E certamente não está em busca da *reação* de alguma outra pessoa.

Nesse momento, você precisa é de conselho claro, simples, direto, perfeito e *correto,* porque seu objetivo é fazer a escolha *certa.* Quando o salmista descreveu a Palavra de Deus, disse: *A lei do* Senhor *é perfeita* [...]. *Os preceitos do* Senhor *são retos* (Salmos 19:7,8).

Obviamente, em uma tragédia você quer que sua família, suas amigas e seus amigos saibam de imediato o que aconteceu. E, sem a menor sombra de dúvida, você desejaria — e precisaria — contar com a oração e muito provavelmente com a presença e a ajuda deles. Mas no dia a dia dos desafios (Ah! Essa criança precisa ser disciplinada... de novo!), das perplexidades (O que tudo isso quer dizer?) ou dos incidentes dolorosos (Por que será que ela disse isso para mim, ou sobre mim?) com os quais você precisa lidar, busque Deus. Busque a Palavra. E, quanto antes você fizer isso, melhor!

PASSO 4: ORE

Em primeiro lugar, pare.

A seguir, espere. É difícil, mas é preciso.

Depois, busque as Escrituras. Faça-o, e provavelmente você se sentirá melhor.

E agora é hora de orar.

(Expire. Uau!) O que quer que tenha feito você percorrer o caminho dos sete passos para a sabedoria, com toda a probabilidade deve ser algo gritante, atordoante, doloroso... ou tudo isso junto. E os passos que você vem dando são passos que a levaram a um lugar mais pacífico em sua mente e espírito. Você não pode fazer nada, exceto acalmar-se após ter parado, esperado e buscado a Palavra de Deus. Todas essas *ações* a levaram à inatividade, à tranquilidade e ao repouso. Elas ajudaram a acalmar suas emoções e neutralizaram seus sentimentos.

A escolha de entrar na presença do Senhor por intermédio da oração leva você a seguir a ordem de Deus para nos aquietarmos e sabermos que ele é Deus (cf. Salmos 46:10). Ou, como outras versões apresentam esse versículo: *Parem de lutar!* (NVI) ou *Tranquilizai-vos!* (BJ).

Em outras palavras, Deus conclama você a interromper toda atividade de guerra — a lamúria, a irritação, a luta e as reações raivosas — e a deixar que as coisas aconteçam. É hora de tirar o foco de si mesma e de seu problema a fim de se voltar para Deus. Quando você precisar de sabedoria e direção, ore. Busque Deus com o coração humilde, aberto e penetrante — um coração que *sabe* que precisa de ajuda, um coração que *deseja* ajuda, um coração que confia em Deus e está disposto a *obedecer* às instruções do Senhor.

Sempre que a crise se instaurar em seu dia — e isso acontecerá! —, e seu dia começar a desandar, você tem algumas decisões a tomar. Você precisará lidar com a situação — a crise, a decisão, a confrontação, a emergência. Descobri um conjunto de perguntas que faço a mim mesma (em geral durante uma oração a Deus). Enquanto envio aos céus meu clamor por ajuda, as respostas começam a surgir, clareando as águas escuras e indicando a solução. Elas começam a revelar a melhor escolha.

Por que eu faria isso (o que quer que esteja sendo exigido de mim ou se espera que eu faça)?

Por que eu não faria isso?

Por que eu deveria fazer isso?

Por que eu não deveria fazer isso?

As primeiras duas perguntas trazem à tona meus motivos — tantos os bons quanto os ruins. E as duas últimas revelam minhas convicções fundamentadas na Bíblia. Sei que isso pode soar simplista. E sei que pode parecer um tanto nebuloso ou dar a impressão de que esse exercício não tem a menor chance de ser útil. Tudo o que posso dizer é que ajuda sim!

Por exemplo, digamos que seu dia está correndo conforme o planejado. O telefone toca, e é uma amiga com um convite: "Oi, que tal almoçarmos juntas hoje?". Ou: "Quer reunir as crianças para nos encontrarmos à beira da piscina?". O que você faz? Pense nessas perguntas sem perda de tempo. Talvez a resposta venha de imediato enquanto você pensa no convite. Talvez você precise ligar de volta para sua amiga cerca de cinco minutos depois... ou quinze minutos... ou ainda uma hora.

Eu também tenho uma pergunta a fazer: "Senhor, qual é a coisa certa a fazer?".

Idealmente, seu objetivo é estar em constante comunhão com Deus em sua mente e coração durante todo o tempo enquanto você avança no tempo — e nos desafios — de seu dia. Como um dos meus pastores continuamente lembrava sua congregação, "todo ar que Deus permite que você inspire deve ser exalado em uma oração". Assim, quando uma crise ocorrer, você já estará sintonizada com Deus e poderá começar a conversar imediatamente com ele sobre a situação em questão e pedir sua orientação.

Isso soa maravilhoso, não é mesmo? Conforme já dissemos, é o ideal. No entanto, em geral o que acontece é o oposto. Sei disso porque, em meu caminhar com Deus, sou uma pessoa que dá escorregadas e permite que o egoísmo, o descuido e as distrações se manifestem. Desvio os olhos do Senhor e deixo de ficar em contato constante com ele. Esqueço-me de caminhar com Deus. Ou me desvio de fazer as coisas da maneira do Senhor. E, então, quando a crise ocorre — e, mais uma vez, ela *ocorrerá* —, o meu dia começa a desandar. Sou pega desprevenida e sem contato com o Senhor.

A solução? Acerte seus caminhos com o Senhor o mais rápido possível! Confesse seu pecado. Agradeça ao Senhor. Afaste-se dos pensamentos, comportamentos e atitudes menos que perfeitos e restabeleça sua sintonia com o Senhor. Então, e só *então*, você poderá começar a interagir com Deus em oração, mesmo que esteja enfrentando uma crise de vida ou morte (você sabe, do tipo a casa pegando fogo!), ou se puder de fato parar e fazer uma reverência a Deus ou ajoelhar-se diante de seu Pai que está no céu e orar. Conforme diz a citação sobre a crise: "Se você deixar de sentir o chão sob seus pés, é hora de se ajoelhar".[2]

PASSO 5: BUSQUE CONSELHO

Plauto, dramaturgo do século II a.C., observou com precisão: "Nenhum homem é sábio o suficiente por si mesmo". Ou como a Bíblia observa: *O caminho do insensato é correto aos seus próprios olhos* (Provérbios 12:15). E essa é a razão pela qual você e eu precisamos dar o passo seguinte e crucial para nos ajudar a fazer as escolhas certas — buscar conselho.

Plauto fez essa declaração, mas Deus já havia dito isso muitas vezes. No livro de Provérbios, lemos: *Onde não há conselho, os projetos se frustram, mas com muitos conselheiros eles se estabelecem*. E: *Quando não há uma direção sábia, o povo cai, mas na multidão de conselheiros há segurança*. E ainda: *Os planos realizados com conselhos são bem-sucedidos, e com prudência se faz a guerra* (Provérbios 15:22; 11:14; 20:18).

Sou abençoada por estar rodeada por muitas mulheres mais velhas, verdadeiramente fiéis à Bíblia, semelhante àquelas descritas em Tito 2:3-5. E acredite em mim: por intermédio de minha correspondência e de meu ministério com mulheres do mundo todo, sei que isso é raro! A pergunta que mais me fazem é: "Quero crescer e sei que preciso de ajuda, mas onde encontro as mulheres mais velhas?". Agradeço a Deus pelas mulheres mais velhas em minha igreja que obedeceram à ordem de

Deus e ficaram à disposição de tantas outras mulheres em busca de conselhos, recomendações, encorajamento e até amizades, comprometidas a orar por elas.

E, a tempo, à medida que cresci e amadureci, dediquei meu ministério de ensino da Bíblia para mulheres de uma forma que chegasse a transformar a vida dessas servas de Deus. E os sete passos aqui descritos são algumas dessas lições inestimáveis.

PASSO 6: TOME UMA DECISÃO

Assim vamos fazer uma retrospectiva e recordar. Você enfrenta um problema ou uma dificuldade em sua vida. Espero que tenha, em primeiro lugar, parado. Nada de arroubos ou erros estúpidos até agora. Nada de gritos ou choro (a menos que a casa esteja pegando fogo). Ninguém foi ferido verbal ou fisicamente por você... tudo porque você parou.

Depois, é o meu desejo, você deve ter esperado. Talvez precisasse acalmar-se emocionalmente e conseguiu isso. Talvez precisasse respirar fundo e por isso deu um passo para trás, literalmente, em relação a essa situação. Talvez você tenha se dirigido para seu quarto ou se retirado dessa situação difícil, como faço muitas vezes até me acalmar e poder pensar no que está acontecendo ou no que precisa ser feito.

E, enquanto você esperava, ganhou tempo para examinar as Escrituras em busca do conselho e da vontade do Senhor. Sinto-me reconfortada em saber que, conforme a Bíblia declara, *não há nada novo debaixo do sol* (Eclesiastes 1:9). Isso quer dizer que a dificuldade que enfrento hoje já foi experimentada por outras pessoas, na verdade por milhões delas! O sofrimento que enfrento hoje já foi enfrentado antes por inúmeras mulheres, esposas, mães, filhas, funcionárias, vizinhas, e essa lista pode continuar indefinidamente.

A tarefa de Deus é aconselhar você (e ele faz esse trabalho de forma perfeita e minuciosa). Tudo o que você precisa fazer é buscar esse conselho e encontrá-lo! Essa é sua tarefa.

E você deve ter orado. Não consigo pensar em proferir essas palavras sem exultar — Uau! A oração é a forma de reduzir as emoções e a tensão. Significa relaxar fisicamente. É deixar de lado tudo o que é mundano e enfadonho a fim de se concentrar em um único foco — seu Pai celestial. Amo esses quatro primeiros passos porque são silenciosos. Passos calmos. E passos que você dá sozinha. Eles aquietam fisicamente seu coração, sua mente e seu corpo. Depois de dar esses passos, sua decisão será fundamentada na sabedoria, e não na emoção. Então, você poderá analisar suas escolhas com a sabedoria das conselheiras. Elas são como uma comissão de apoio enquanto você toma sua decisão. Podem e irão ajudar, mas, em última instância, a decisão é sua!

PASSO 7: AJA CONFORME SUA DECISÃO

Agora, chegou a hora de agir. (Isso não significa que você não fará correções ou alterações ao longo do caminho conforme seguir em frente.) Para colocar em prática sua decisão, estabeleça um plano. O que você dirá? Como agirá? Qual será seu primeiro passo? Você precisa ensaiar? Como um general marchando para a guerra, mova-se e siga em frente com seu plano. O *general* Dwight D. Eisenhower, que se tornou o *presidente* Dwight D. Eisenhower, dirigiu o exército dos Estados

Unidos e depois o país inteiro com o lema: "Planejamento é tudo".³ Prepare um bom plano de ação (que abranja os passos 1 a 6). Depois, pela fé, execute-o (passo 7). Seja corajosa e ousada. Tenha confiança. Por quê? Porque você fez sua parte. De forma decente e em ordem, você buscou uma solução para um problema ou dificuldade ou, quem sabe, para uma tomada de decisão de vida ou morte.

A escolha é sua

Minha amiga, mal consigo explicar quanto esses sete passos representam em minha vida! Como você deve saber muito bem, cada dia está repleto de questões a serem resolvidas, desafios a serem enfrentados, problemas a serem solucionados, pessoas com quem lidar e tempo a administrar. Ao longo deste capítulo, você provavelmente deve ter pensado: *Não tenho tempo para parar e seguir todos esses passos! Tenho minha família, a carreira, o ministério e uma vida que precisa ser vivida!* Mas, minha amiga, você *não pode* se dar ao luxo de não seguir esses passos. Pois, sem eles ou algo similar, acabará fazendo as escolhas erradas, o que representará tempo perdido e a necessidade de voltar atrás, começar tudo de novo, derrapar, pedir desculpas, consertar suas confusões e ser tomada pela tristeza e pelo remorso. Sei disso por experiência. Portanto, repense seu enfoque. Faça algumas mudanças — algumas escolhas! Com apenas alguns poucos e preciosos momentos de oração, você pode fazer escolhas melhores.

Como será?

A escolha é sua!

As diretrizes de Deus para você fazer as escolhas certas

As diretrizes apresentadas a seguir ajudarão você a caminhar ao longo de seu dia, confiante de que está buscando fazer as escolhas certas.

- Escolha sempre fazer o que é certo — *Portanto, aquele que sabe que deve fazer o bem e não o faz, comete pecado* (Tiago 4:17).

- Consulte a Bíblia antes de tomar decisões — *Tua palavra é lâmpada para meus pés e luz para meu caminho* (Salmos 119:105).

- Não tome uma decisão sem orar primeiro — *Não andeis ansiosos por coisa alguma; pelo contrário, sejam os vossos pedidos plenamente conhecidos diante de Deus por meio de oração e súplica com ações de graças* (Filipenses 4:6).

- Busque o conselho de pessoas mais experientes antes de tomar suas decisões — *Onde não há conselho, os projetos se frustram, mas com muitos conselheiros eles se estabelecem* (Provérbios 15:22).

- Acredite que Deus tem em mente o que é melhor para você — *Se vós, sendo maus, sabeis dar boas coisas a vossos filhos, quanto mais vosso Pai, que está no céu, dará boas coisas aos que lhe pedirem!* (Mateus 7:11).

capítulo **três**

APROVEITANDO SEU DIA

> Este é o dia que o Senhor fez; vamos regozijar-nos e alegrar-nos nele.
> — Salmos 118:24

Você está buscando ajuda sobre como tornar cada dia um grande dia? Bem, aqui está "a primeira escolha que você não pode perder": levantar da cama! Essa é a "escolha certa" mais difícil que uma mulher tem de fazer todos os dias de sua vida. E eu fiz essa escolha — levantei-me. (E não apertei o botão da soneca extra do despertador nem uma nem duas vezes.)

Talvez você esteja pensando: *Qual é a grande descoberta a respeito disso? Todos, por fim, acordam. E todo mundo acaba saindo da cama mais cedo ou mais tarde.*

É verdade. E nós, mulheres, ansiamos exatamente por aquelas raras e amadas manhãs em que podemos dormir em paz. Mas a verdade? Dias preguiçosos nos quais podemos dormir até acordarmos naturalmente é uma dádiva rara, que só raramente podemos desfrutar quando estamos de férias ou no dia de nosso aniversário. E isso é duplamente verdade se você tiver crianças pequenas e um ambiente familiar agitado!

Mas e quanto aos dias úteis? Os dias em que todo e qualquer minuto faz diferença e cada intervalo de sessenta segundos é vitalmente importante? Quando os outros contam com você, em casa ou no trabalho, ou em ambos os lugares?

Por mais fora de série que seu levantar tenha sido esta manhã, não foi nada fácil. Na verdade, essa atitude doeu. Foi ruim. Realmente ruim. (Será que mencionei que hoje é segunda-feira?)

UM CHOQUE DE REALIDADE!

Contudo, todas as manhãs, ao som temido do despertador, eu me levanto — especialmente se considero algumas razões convincentes para me levantar e tentar brilhar.

Primeiro, eu tenho um plano. Isso ajuda a me lembrar, em algum lugar em meu embotamento mental, de que, na noite anterior, fiz um plano para o novo dia — um plano que só funcionará se eu me levantar exatamente no horário que planejei fazer isso. Não existe nada mais prático que um plano.

Então eu tenho um motivo. Sei lá no fundo de meu coração que preparei esse plano por algum motivo, um desejo apaixonado por algo que considero relevante, e um sonho a realizar que beneficiará outras pessoas ou alcançará um objetivo pessoal. Não existe nada mais poderoso que um motivo.

A seguir, eu tenho uma necessidade. Odeio isso, mas devo reconhecer que deve existir uma necessidade genuína para levantar-me, ou dificilmente isso acontecerá! Outras pessoas precisam e dependem de mim. Para a alimentação — o café da manhã, o lanche na mochila e a maleta de trabalho. Para o transporte — para levar à escola, ao trabalho ou ao ponto de ônibus e para buscar as pessoas nesses locais. Para os compromissos — seja a consulta no dentista, seja uma entrevista na rádio. Para as roupas limpas. Para os mantimentos no armário. E a Lista de Coisas que Preciso Fazer para cuidar de mim, do meu trabalho e dos outros é enorme. É maior que a lista de presentes de Natal de uma criança! O meu local de trabalho é em casa — o que pode ou não ser melhor que ir de casa para o local de trabalho. Contudo, preciso estar em minha escrivaninha em dado momento para que possa fazer certas tarefas, cuidar da comunicação e, é claro, escrever. Não existe nada mais persuasivo que uma necessidade.

Ah, e então tenho uma agenda. Quando sou tentada a mentir ainda na cama: *Só uns minutinhos não vão fazer diferença*, esse é o momento em que minha agenda começa a passar por minha mente semiconsciente. E isso me faz acordar de vez, já que minha mente passa a pensar: *Se eu não acordar agora mesmo, não terei força para caminhar hoje... e não completarei os trabalhos previstos para a parte da manhã... e isso me deixará atrasada pelo restante do dia*. E sei por experiência que, se isso acontecer, ficarei frustrada e ansiosa o dia inteiro por estar atrasada em relação a todos os compromissos e tarefas agendadas. Jamais serei capaz de recuperar aquela hora ou meia hora. Ter em mente uma agenda factível e bem ajustada é um poderoso empurrão para me tirar de debaixo das cobertas. Não existe nada mais impulsionador que uma agenda.

E, por fim, eu tenho muita vontade. A força de vontade é revelada toda vez que você faz uma escolha consciente. E este livro trata de escolhas que você e eu fazemos. Conforme diz um famoso ditado, "onde existe vontade, existe sempre um caminho". Não há nada mais produtivo que a força de vontade.

Uau! Tudo isso... só para sair da cama pela manhã. Mas essa primeira e principal escolha certa, feita todos os dias, exige um plano, um motivo ou sonho, ou ainda um desejo, uma necessidade, uma agenda e muita vontade.

EM BUSCA DE UMA VIDA MELHOR

Na semana passada, completei outra sessão de gravação trimestral de meu programa de rádio *Uma mulher segundo o coração de Deus*. Enquanto preparava o conteúdo do programa, observei que uma das atrações começava com o seguinte texto: "Ouço com frequência estas palavras proferidas por mulheres cristãs: *Sinto-me exausta e atribulada!* E daí só consigo me perguntar: *O que estamos fazendo com nós mesmas?*"

Não importa de qual país ou em que língua esse clamor emerge, o excesso de atividades e ocupação é um problema monumental. E você sabe muito bem: sempre que buscamos soluções para nossos problemas, em geral acabamos por descobrir como somos falhas em administrar o tempo. Se nos cansarmos dessa situação a ponto de dizermos: "Chega! Não vou mais viver desta maneira!", e começarmos a analisar o que estamos tentando fazer com nosso tempo, nossa investigação nos levará a evidências que claramente desvelarão as nossas pobres escolhas quanto ao uso do tempo que Deus nos deu.

O problema? De forma bem clara e simples, é a má administração do tempo. E a solução? Também de forma bem clara e simples, é administrar melhor o tempo.

Para fazer escolhas melhores e trabalhar em direção a uma vida melhor, precisamos perceber que estamos fazendo escolhas ruins quanto à maneira pela qual gastamos nosso tempo por causa de uma de duas razões: ou sabemos como administrar o tempo e escolhemos não fazer isso, ou então precisamos de ajuda para aprender a administrar o tempo. É preciso conhecer os princípios comprovados pelo tempo para a administração do tempo e da vida.

ENCONTRANDO AJUDA

Talvez por ter fracassado fragorosamente na administração de minha casa (quer dizer, como eu poderia saber que teria de lavar o feijão a fim de livrá-lo de toda impureza antes de cozinhá-lo?) e na administração do tempo nos papéis de jovem esposa e mãe durante os primeiros oito anos de meu casamento, ainda busco uma vida melhor. Isso significava que estou sempre à procura de dicas que me auxiliem a administrar o tempo. Tenho certeza de que você também está interessada em obter ajuda.

Quando meu marido se matriculou no seminário, uma oportunidade de ouro apareceu em minha vida. A biblioteca do seminário era vastíssima! Percebendo que aquele recurso totalmente grátis era uma dádiva de Deus, Jim e eu organizamos nossa agenda para que eu pudesse ir com ele ao seminário uma vez por semana enquanto as meninas estavam na escola. Eu me esbaldava por várias horas naquela profusão de livros enquanto ele assistia às aulas.

Adivinhe onde eu gastava essas preciosas horas? Na seção prática da biblioteca. Na seção de negócios. Na seção de administração. Na seção de autoajuda. E como eu precisava de ajuda!

Ali, na biblioteca, encontrei tesouros maravilhosos. Fiquei maluca! Retirava um livro após livro daquelas prateleiras abarrotadas. Livros sobre a administração do tempo? Darei uma olhada nesses também!

Naquele estágio de meu casamento e vida familiar, eu mal conseguia manter a cabeça acima da superfície da água. Eu tinha uma família hiperativa com quatro membros extremamente agitados, todos funcionando na velocidade máxima ao mesmo tempo. Era esposa de um ocupadíssimo pastor que também estudava para concluir seu mestrado em teologia. Eu tentava cuidar de minha casa e também abrir as portas e nosso coração para a hospitalidade. Estava comprometida a suprir as necessidades de nossa família enquanto buscava servir minha igreja em alguma área do ministério.

Mas eu anelava por uma vida melhor. E já havia dado o primeiro grande passo em direção ao crescimento: eu havia identificado, rotulado e reconhecido meu problema-chave — minha vida estava uma verdadeira bagunça.

Junto com essa admissão veio a recusa de racionalizar minha maneira confusa de lidar com a rotina diária por meio de desculpas esfarrapadas, como, por exemplo: "Mas você não compreende. Somos uma família m-u-i-t-o ocupada e agitada! Um desses dias, as coisas vão melhorar, e daí eu terei mais tempo para cuidar de minha casa e família... ah, e de mim mesma".

Isso mesmo, eu identifiquei o problema — meu problema. Esse era o passo 1. E, ao visitar a biblioteca e ler conselhos de sabedoria apresentados por especialistas em administração do tempo, cumpri o passo 2 — agi para fazer algo em relação a meu defeito. Escolhi seguir a direção de uma vida melhor que trouxe mais paz e ordem ao caos em que eu estava mergulhada.

Ah, é verdade; eu estava definitivamente buscando uma vida melhor. Cansei-me de pensar — *Deve haver mais vida que isso!* Ou seja, eu acreditava que deveria haver mais coisas na vida que apenas minha labuta, algo além da sensação de estar o tempo todo pressionada e ainda assim não conseguir colocar minha vida em ordem. Apesar disso, eu me sentia confusa e sem controle sobre a rotina de minha vida.

Enquanto escrevo sobre essa lembrança de meu passado, recordando as viagens de carro com meu marido para a biblioteca do seminário (o que era melhor e mais barato que quaisquer férias que pudéssemos nos dar ao luxo naquela época!), quase consigo sentir a fragrância característica dos livros que cobriam parede após parede e corredor após corredor daquele prédio tranquilo que se transformou em um oásis para mim. Eu era a criança proverbial em uma loja de doces, questionando: *Por onde devo começar? O que devo pegar primeiro? E como posso obter tudo o que essa biblioteca tem para oferecer?*

Bem, sempre que eu encontrava um livro especialmente útil e simples sobre administração do tempo, pedia que Jim o retirasse da biblioteca com seu cartão de estudante para que eu pudesse levá-lo para casa. Daí, por uma semana, eu examinava aquele livro e escrevia as notas para repassar repetidas vezes, na esperança de aprimorar minha agitadíssima existência. Eu sabia que Deus queria que eu *procurasse viver em paz*, a fim de ter *uma vida tranquila* e fazer tudo *com decência e ordem*, seguindo *planos diligentes* e administrando *os bens de minha casa*. Mas eu não sabia como fazer isso.[1]

"Mas como é que eu faço isso, Deus, como?", eu perguntava ao Senhor.

DIANTE DA ESCOLHA NÚMERO 1

Bem, louvado seja o Senhor por aqueles livros! A bênção é que quase todos eles enfatizavam que o primeiro passo, e o mais importante, em direção ao sucesso de qualquer tipo era acordarmos na hora em que era necessário fazê-lo. Tenho certeza de que você acredita que essa escolha é realmente simples, mas também realmente difícil, para você fazer — e a qual você *pode* fazer — todos os dias. Na verdade, é a primeira escolha que você deve fazer todos os dias, goste disso ou não. Você se levantará na hora em que precisa... ou não?

É uma escolha.

A cada manhã, quando seu sono é interrompido pelo soar do despertador, do rádio relógio ou do celular, reconheça que é exatamente naquele momento e naquele lugar que você fará a escolha mais importante de todo o seu dia.

Isso funciona da seguinte forma. Se você se levantar, estará no comando de seu dia. (Bem, pelo menos no controle de como ele começa! Afinal, você precisa deixar espaço para o plano de Deus, para algumas interrupções e, até mesmo, para eventuais críticas.) Por que posso dizer isso? Porque, desde o primeiríssimo minuto em que você levanta, estará dando as ordens. Estará no banco do motorista de seu dia, por assim dizer. Estará colocando em ação seu plano. Estará cuidando bem do fluxo de sua casa e de seu dia.

À medida que você avançar ao longo deste livro, verá que essa escolha singular direcionará o restante de seu dia. E verá como a escolha número 1 afeta a escolha número 2... e a número 3... e a número 4... e todas as demais escolhas durante o dia. Imagine uma longa fila de peças de dominó organizadas de pé. Quando você empurra a primeira peça, ela cai sobre a seguinte... e, sem demora, todas as outras peças de dominó caem uma após a outra, em rápida sucessão. Isso, claro, é conhecido como "efeito dominó".

Odeio dizer isso, mas, quando você não sai de sua cama a tempo de fazer tudo o que precisa *com decência e ordem* (1Coríntios 14:40) — e de forma apropriada e ordeira —, o efeito dominó entra em ação, e *tudo* sofre pelo resto do dia. É surpreendente — e amedrontador! — como essa primeira escolha aparentemente pequena pode influenciar as 24 horas seguintes.

GRANDES RESULTADOS COMEÇAM COM PEQUENOS PASSOS

Gosto de fazer as coisas em pequenos passos. É mais fácil e torna mais factíveis o sucesso e as mudanças. E é também um princípio indispensável para a administração do tempo. Portanto, em vez de declarar: "Vou acordar cedo todos os dias pelo resto de minha vida", simplesmente tento acordar na hora certa só por um dia. Isso é o que digo a mim mesma — é só um dia. Posso fazer isso só por um dia.

E qual a importância de um dia? Eis um pensamento a ser lembrado: o que você é hoje é aquilo em que está se tornando. E o que você é hoje é o que será no futuro... se nada mudar. Todo ato repetido — bom ou ruim — acaba por criar seu ser real e por modelar sua vida real.

Cada uma de suas escolhas — boas, ruins ou medíocres — feita vez após vez se transforma em um hábito. E seu objetivo — e o meu também — é fazer as escolhas certas vez após vez até que sejam estabelecidos hábitos bons e piedosos.

E quanto a seus sonhos? O que você quer ser? O que você quer fazer com sua vida? Em que tipo de pessoa você quer se tornar? Que mudanças você gostaria de fazer em sua vida? E no mundo? O que você quer deixar para trás?

Bem, conforme os rancheiros, os vaqueiros e os fazendeiros diziam no Velho Oeste quando precisavam seguir em frente — ou continuar em movimento: "A luz do dia está queimando", o que pode ser traduzido por: "Vamos trabalhar e fazer o trabalho necessário enquanto é dia".

Quando você se levanta em um horário ótimo para realizar a vontade de Deus e seus planos, tem a oportunidade de tornar seus sonhos realidade. Você avança para se transformar na pessoa única que Deus criou — uma obra-prima, uma magnífica obra de arte. Você tem o dia inteiro — dezesseis ou mais horas em que consegue ficar acordada — para fazer as escolhas certas que a movem em direção a algo empolgante, algo excelente, algo extraordinário, algo de que, no fim do dia, lhe dá o orgulho cristão de ter cumprido a vontade do Senhor.

E, quando você não acorda na hora em que deveria, o que acontece? Bem, você conhece a resposta muito bem! Você perde a oportunidade de se mover em direção a seus objetivos, de tornar um sonho realidade ou de tornar a vida de alguém, só por hoje, mais fácil e melhor. Como compartilhei em um dos meus livros para jovens garotas cristãs, *A Young Woman's Guide to Making Right Choices* [Um guia para a jovem mulher fazer as escolhas certas]: "Dormir demais jamais fará que seus sonhos se tornem realidade".² É óbvio que levantar na hora programada é a primeira escolha certa a fazer todos os dias. É uma megaescolha!

UM CHAMADO PARA A AÇÃO

O livro de Provérbios é um interessante estudo de opostos. E em Provérbios, o oposto de uma mulher que se levanta prontamente da cama e começa a cumprir seus afazeres a cada raiar do dia é a "preguiçosa". Essa palavra é usada para descrever uma pessoa que tem o péssimo hábito de ser lenta, ociosa e vagarosa. A pessoa preguiçosa odeia trabalhar e demora muito tempo para começar a fazer o que precisa. Se você já viu alguém preguiçoso na calçada ou na rua, então tem uma ideia do que estou dizendo! Eis apenas duas preciosidades de Provérbios para motivar você a "levantar e ficar pronta para outra". (Essa é uma expressão que meus pais costumavam usar todos os dias para fazer que eu e meus três irmãos nos levantássemos na hora de ir para a escola.)

> *Como a porta gira sobre dobradiças, assim o preguiçoso se vira na cama* (Provérbios 26:14).

Na próxima vez em que seu alarme tocar e você se virar em sua cama, lembre-se do seguinte texto do livro de Provérbios:

> *Preguiçoso, até quando ficarás deitado? Quando despertarás do teu sono? Um pouco para dormir, um pouco para cochilar, um pouco para descansar de braços cruzados. A tua pobreza te sobrevirá como um ladrão, e a tua necessidade, como um assaltante* (Provérbios 6:9-11).

Esse conjunto de versículos propõe algumas perguntas acusadoras — e depois lhe dá um panorama geral do resultado de muito sono e pouco trabalho.

Fotografia de uma pessoa preguiçosa

- Uma pessoa preguiçosa não começa nada.
- Uma pessoa preguiçosa não termina nada.
- Uma pessoa preguiçosa não enfrenta nada.³

CORRENDO COM OS GIGANTES

Uma de minhas paixões é aprender com os homens e as mulheres da Bíblia. E tento ler tudo o que cai em minhas mãos sobre o que pode me dar mais discernimento a respeito da fé dessas pessoas e de sua confiança em Deus. *Correndo com os gigantes*⁴ é o título de um livro que aborda a vida de alguns gigantes da fé retratados nas Escrituras. À medida que você ler sobre os "gigantes" apresentados a seguir, observe a importante mensagem que cada um deles envia para nós.

Jesus. O Filho de Deus, nosso Salvador, acordava cedo. O que ele fazia assim que acordava? *De madrugada, ainda bem escuro, Jesus levantou-se, saiu e foi a um lugar deserto; e ali começou a orar* (Marcos 1:35).

A primeira coisa que Jesus fazia assim que acordava era conversar com o Pai celestial — bem antes do nascer do sol! Ele, sozinho e quando ainda estava escuro, orava a Deus. Recebia diariamente força e orientação para cumprir a vontade de Deus em mais um dia — o dia que se iniciava. Jesus saía desse primeiro encontro preparado para enfrentar e lidar com todos os tipos de tentação, em especial a tentação de se desviar da cruz.

A mulher de Provérbios 31. Este é o retrato da mulher ideal, conforme concebido por Deus. Provérbios 31:10-31 é um poema, e cada versículo salienta uma ou duas das qualidades do caráter dessa mulher. Observe a qualidade exposta no versículo 15: *Levanta-se de madrugada e alimenta sua família; distribui tarefas às suas servas.*

Essa mulher era uma esposa e dona de casa extremamente ocupada. Se ela fosse como você e eu, faria de tudo para que cada dia fosse melhor que o anterior. Para ser mais organizada. Para ter menos falhas, menos escorregões. Para estar mais bem preparada para o dia, mesmo que esse dia incluísse disciplinar uma criança de 2 anos cuja palavra favorita é "Não!" ou lidar com a depressão do marido; mesmo que esse dia envolvesse administrar as responsabilidades no trabalho (além das tarefas domésticas) ou fazer mais uma visita diária a um dos pais ou avós em uma casa de repouso.

A fim de cumprir uma das prioridades de Deus para sua vida — cuidar da família —, essa mulher programava o "despertador" para bem cedinho a fim de levantar-se e enfrentar os afazeres do dia. Para ela, era muitíssimo importante acordar e começar a trabalhar logo cedo, a fim de viver da forma que Deus queria. E, repito, este é o retrato da mulher ideal, conforme concebido por Deus. Essa descrição estabelece o padrão para nós.

As mulheres no sepulcro. Uau! Que exemplo esse grupo de mulheres representa para nós — como elas amavam Jesus! Quando o Mestre morreu na cruz, elas permaneceram aos pés da cruz até o fim. Depois seguiram aqueles que carregaram seu corpo para ver onde ele seria enterrado. E, assim que chegaram em casa, em vez de desabarem por causa da tristeza, começaram a agir com rapidez e a preparar as especiarias para que o corpo de Jesus pudesse ser apropriadamente sepultado. E, então, no *primeiro dia da semana, bem de madrugada, elas foram ao sepulcro, levando as essências aromáticas que haviam preparado* (Lucas 24:1).

Você acha que essas mulheres estavam cansadas? Você acha que era estressante e pavoroso ver Jesus sofrer brutalmente e morrer em agonia na cruz? E, ainda assim, elas continuaram com sua missão — cuidar do corpo e do sepultamento de Jesus. E se elas tivessem girado "sobre as dobradiças" em sua cama com preguiça naquela manhã importantíssima em que precisavam ministrar ao Senhor? E se tivessem inventado desculpas? E se tivessem continuado a dormir?

TUDO COMEÇA COM UM ÚNICO PASSO

O ditado "Um jornada de mil quilômetros começa com um único passo" diz tudo, não é mesmo? Seus sonhos e suas responsabilidades são o que constituem sua jornada na vida. Portanto, para iniciar a jornada que busca realizar seus sonhos e implica cuidar de suas responsabilidades, você tem de começar com um único passo — levantar-se da cama amanhã.

O que você quer *fazer amanhã?* Essa questão se relaciona a seus objetivos e sonhos. Em meu caso, quero começar a escrever outro capítulo deste livro e comprar um presente de aniversário para uma amiga especial. Uma jovem colega de universidade quer fazer uma viagem à Terra Santa, como presente de formatura. E amanhã? Ela quer começar uma busca na internet por pacotes de viagem, um passo fundamental para tornar seu sonho realidade. E uma avó conhecida minha sonha em fazer uma reunião familiar... e trabalha a cada amanhã até que seu objetivo se concretize!

Querer algo significa desejar muitíssimo que isso aconteça. O que você deseja muitíssimo para amanhã? Identifique isso. Depois registre-o aqui na margem deste livro. E registre também em sua agenda ou nos avisos do celular para amanhã. Depois repita o processo de identificar seus objetivos ao final de cada dia e transforme essa atitude em hábito. Saber o que você quer fazer amanhã para avançar em direção a seus sonhos é uma forma infalível de se levantar da cama amanhã! Na verdade, você pode ficar tão empolgada que chegará a acordar antes de ouvir o som desagradável do despertador! Você não se arrastará para fora da cama. Pelo contrário, dará um pulo e estará ansiosa por iniciar seu dia e os projetos que transformarão seus sonhos em realidade.

O que você precisa *fazer amanhã? Querer* fazer algo e *precisar* fazer algo são coisas totalmente distintas. *Querer* fazer algo pertence ao reino dos sonhos e desejos. E *precisar* fazer algo se relaciona a cuidar de suas responsabilidades. Esses são seus papéis. Eles englobam suas responsabilidades e tarefas.

Portanto, agora é hora de começar a fazer uma lista. Decida preparar todas as noites uma lista das Coisas que Tenho de Fazer Amanhã. Já ouvi alguém chamá-la de a lista do Faça ou Morra. Alguns dos projetos que devem aparecer nessa lista incluem as responsabilidades de esposa, administradora da casa, filha, estudante, empregadora e funcionária. Pessoalmente, amo ficar em casa (afinal, é ali que trabalho!). E amo que minha casa esteja arrumada e limpa. No entanto, em alguns dias, é difícil lavar mais de oito porções de roupa na máquina — enfrentar o processo de colocar sabão e amaciante e esperar todo o ciclo de lavagem. Todavia, isso é algo que precisa ser feito. E isso realmente abençoa minha família.

A seguir vêm as tarefas que poderiam ser categorizadas até mesmo como *espinhos na carne*. Veja bem, aquelas coisas que você precisa, mas não quer fazer. Aquelas tarefas difíceis ou desagradáveis que você sempre adia. Para mim, com frequência isso corresponde à minha correspondência atualizada. Conheço mulheres que adoram fazer compras, mas, para mim, prefiro ficar em casa e escrever! No entanto, certamente tenho de fazer compras com regularidade. É uma tarefa que precisa ser feita, encaixada em um cronograma já bem lotado de atividades, algumas delas com prazos de entrega rigorosos e compromissos sérios assumidos anteriormente.

Depois de ter escrito sua lista, é hora de priorizar as tarefas e os projetos mais importantes. Pergunte a si mesma: "Se eu pudesse só fazer uma coisa amanhã, o que faria? Qual seria essa atividade?". Isso obviamente ocupará o topo de sua lista. Como definir prioridades representa um grande desafio, criei o hábito de orar enquanto enfrento esse processo de tomada de decisão. Preciso da orientação de Deus enquanto faço escolhas referentes a meu cronograma. E eis as boas-novas! Se, em seu dia de 24 horas, tudo o que você conseguir fazer for aquele item prioritário — o que está no topo da lista —, você pode considerar seu dia um grande sucesso.

A vida — cada minuto dela — é uma preciosa dádiva de Deus. Além da vida que o Senhor lhe deu, ele tem planos incríveis e grandes propósitos para você. Portanto, devemos agir conforme alerta o título do livro de John Piper, *Não jogue sua vida fora*. Esse autor implora:

> A maioria das pessoas passa pela vida sem paixão por Deus, gastando a vida em discussões triviais, vivendo em busca do conforto e prazer.

> [...] [Não] caia na armadilha de uma vida que não vale para nada. [...] Aprenda a viver para Cristo e não jogue sua vida fora.⁵

Você consegue imaginar algo pior que uma vida que não vale para nada? Estou sentada aqui com você, orando em meu coração: "Oh, não você!". E oro por mim também. A cada dia, Deus lhe concede inúmeras oportunidades para viver com paixão, para fazer a diferença no mundo, para contribuir com os outros e dar honra e glória ao Senhor. No entanto, um dia típico com Deus começa com uma escolha: escolher sair da cama, sabendo que Deus lhe deu um mundo a ser conquistado, uma vida a ser vivida — realmente vivida — e um importante trabalho a ser feito!

Você não pode deixar essa escolha passar em brancas nuvens.

Coisas a fazer hoje para que você possa aproveitar seu dia

À medida que você ora sobre o propósito (pela graça do Senhor) de aproveitar cada um de seus dias, os passos a seguir pavimentarão seu caminho para um amanhã melhor. Este exercício ajudará você a dar o primeiro passo em direção a uma vida relevante — sair da cama!

- *Passo 1:* Defina em que horário você precisa levantar para que seu dia siga o caminho que você quer que ele siga e que ele precisa seguir.

- *Passo 2:* Vá para a cama a tempo de obter o descanso necessário antes do horário para acordar.

- *Passo 3:* Programe o despertador — um som bem alto, assustadoramente alto!

- *Passo 4:* Ore. Peça a ajuda de Deus para acordar. Diga a ele a razão pela qual é importante que você acorde em determinado horário. Repasse mentalmente seus planos, propósitos, compromissos e sonhos para amanhã com Deus. Siga em frente. O Senhor se importa com você! Afinal, se seus planos forem bons, eles devem ser provenientes do Senhor (Salmos 37:4,5).

- *Passo 5:* Firme o propósito de levantar-se... independentemente do que acontecer. Não ceda a seu corpo. E não se preocupe em não conseguir dormir o suficiente. Isso vale só por uma manhã. Lembre-se do adágio: a mente pode mais que o corpo (e que o colchão também).

- *Passo 6:* Louve o Senhor ao ouvir o despertador. Coloque-se ao lado do salmista e clame com o amanhecer: *Este é o dia que o Senhor fez; vamos regozijar-nos e alegrar-nos nele* (Salmos 118:24).

capítulo **quatro**

ALIMENTANDO A CHAMA DE SEU CORAÇÃO

> Quando as tuas palavras foram encontradas, eu as comi; e elas eram para mim o regozijo e a alegria do meu coração.
> — Jeremias 15:16

Imagine-se no seguinte cenário. Ali está você, sentada em sua cama quentinha e acolhedora, bem cedinho! Na noite passada você definiu como queria que seu amanhã decorresse. Fez os cálculos e escolheu um horário para levantar-se e transformar seu hoje em um dia melhor. Como você acertou o despertador, ele faz soar aquele som horripilante na hora estabelecida. E, milagre dos milagres, você se inclina, desliga o alarme (chega de ruído por hoje!), acende o abajur, senta na cama, sorri (assim espero), saúda o dia que se inicia positivamente (assim espero, mais uma vez) e se espreguiça enquanto tira as cobertas e, com ousadia e coragem, coloca um pé... e depois o outro... para fora das cobertas. E, antes que se dê conta, você está de pé... e, a seguir, dá o primeiro passo em frente. Levanta e fica pronta para outra!

Aleluia, você está colocando em prática a lei da física que afirma o seguinte: "Dois objetos em repouso tendem a permanecer em repouso, e um objeto em movimento tende a permanecer em movimento".

Bem, se essa cena descreve sua manhã, parabéns! Obviamente, seu coração respondeu à ideia de assumir o controle de seu dia ao definir um horário para se levantar, e você foi bem-sucedida! E hoje é o segundo dia em sua jornada para a nova pessoa em que você se transformará. Hoje você continuará a remodelação para assumir o controle de sua vida e fazer as melhores escolhas. As escolhas certas. E levantar da cama é uma primeira escolha certa muito óbvia em todo e qualquer novo dia. E é especialmente relevante se você se levantar no melhor horário conforme estimou ser necessário quando planejou seu dia.

UM MOMENTO DE REFLEXÃO

Estou sentada diante de minha escrivaninha — escrevendo, é claro — e pensando em você! Gostaria de saber como se desenrolou sua jornada espiritual. Como ficou sabendo a respeito de Jesus e de sua oferta de perdão e salvação, de uma nova vida. Como você foi educada — você frequentou uma igreja ou não? Seus pais eram cristãos ou não? Como Deus orquestrou seu crescimento espiritual?

Sei que sua história não é como a minha. Conforme diz o ditado: "Há muitas estradas para Jesus, mas só um caminho para Deus". E esse caminho se desenrola por intermédio de Jesus Cristo, seu Filho. Jesus afirma em João 14:6 que *ninguém chega ao Pai, a não ser por mim*. Qualquer que tenha sido seu caminho ou o meio que Deus usou para chamá-la, espero que você seja fiel em seu agradecimento ao Senhor e o louve com todo o fôlego de vida que tiver, segundo a permissão dele!

No meu caso, Deus abriu as portas para meu coração aos 28 anos de idade. Assim que Jim e eu encontramos uma igreja vigorosa e dinâmica, nós dois, que aquela altura já estávamos casados havia oito anos, compramos nossas primeiras Bíblias. Depois de passarmos por dificuldades e fracassos — e ficarmos um tanto descontrolados! — como cônjuges e pais de duas meninas pequenas, mergulhamos nessas novas Bíblias. Éramos exatamente como o salmista declarou: *Minha alma tem sede de Deus* (Salmos 42:2). Isso mesmo, estávamos vivendo no deserto da Califórnia, mas nossa alma também estava em um deserto — e havia muito tempo!

Jim e eu nunca achávamos ter o suficiente da Palavra de Deus! Ela nos alimentou, nos estabilizou, nos fortificou, nos remendou. E, pela primeira vez, tivemos diretrizes para a vida, para o casamento e para a educação de nossas filhas. Sabíamos que precisávamos de ajuda. Portanto, bebemos com profusão e frequência da Palavra de Deus. Éramos recém-nascidos na fé! Quero dizer, não conhecíamos nada sobre a Bíblia, nem mesmo as antigas histórias sobre Jesus e os grandes heróis da Bíblia.

Ficamos apaixonados pela Palavra de Deus e estabelecemos o objetivo de ler nossas Bíblias novinhas em folha em um ano. E tínhamos tanta sede para entender mais sobre o que Cristo fizera por nós que também acrescentamos a leitura do Novo Testamento várias vezes ao ano.

Devo admitir que não consigo pensar em nada a que tenha me oposto nesse período. Isso talvez se justifique porque eu tinha uma necessidade de aprender... e sabia disso. Havia tantas questões e comportamentos que precisavam de ajuda radical e/ou remoção. E, acima de tudo, eu ansiava por seguir Cristo de todo o coração. Não queria de modo algum fazer as coisas espirituais e as coisas de Deus pela metade, com indiferença, mornidão, tentativas débeis e, tampouco, não queria aceitar uma abordagem do tipo "a velha tentativa dos tempos de universidade". Não, eu precisava conhecer *tudo*! E, quanto antes, melhor.

E milagre dos milagres, eu conseguia ter acesso a "tudo" sempre que precisasse ou quisesse! Tudo estava ali em minha Bíblia. Conforme Pedro relatou a respeito do divino poder: ... [ele] *nos tem dado tudo que diz respeito à vida e à piedade, pelo pleno conhecimento daquele que nos chamou por sua própria glória e virtude* (2Pedro 1:3). Ou, dizendo de outra forma, Deus lhe dá tudo aquilo de que você precisa para viver para ele — para ser uma mulher segundo o coração de Deus.

AS PRIMEIRAS COISAS EM PRIMEIRO LUGAR

Você está me acompanhando? Está ali — preparada para recusar qualquer coisa sem entusiasmo quando se trata de sua busca para conhecer Deus? (Oh, como eu gostaria que você me ouvisse orando por você!)

Portanto, o que fazer agora?

Bem, agora que você já se levantou e está saudando seu dia novinho em folha, obviamente precisa de um período para ficar bem desperta. Você precisa da transição de um estado de zumbi para o estado de um ser vivo que respira, cujo coração está batendo e bombeando sangue para seu corpo; enfim, uma pessoa que também consegue pensar e funcionar! Provavelmente um café, chá ou chocolate quente — ou um copo enorme de água — ajudará você a manter o processo em movimento. E uma breve caminhada fará sua energia começar a funcionar.

Meu lema é "comece com pouco" — comece fazendo coisas que não necessitam de movimentos rápidos e extenuantes nem que lhe exijam ponderar sobre muitas ideias ou tomada de decisões. Durante esse período, você desejará consultar sua agenda do dia para não ter surpresas mais tarde — como ouvir o caminhão do lixo passar e se dar conta de que ninguém pôs o lixo na calçada para ser recolhido.

Espero que neste instante você esteja se lembrando da escolha número 1, aquela em que você começa seu dia da forma correta: a escolha de levantar-se no horário necessário para fazer as coisas que quer e precisa fazer.

Não resisto à tentação de compartilhar uma citação oportuna do calendário de mesa de 2012, *Life Is Sweet* [A vida é doce], que dei de presente de Natal em 2011: "A realização de seu objetivo é garantida no momento em que você se compromete com ele".[1] Espero e acredito que você tenha se comprometido com seu objetivo para se levantar e iniciar suas atividades de forma que seus dias — e sua vida — sejam doces!

E agora passemos à escolha número 2.

UM CHOQUE DE REALIDADE!

Ler a Bíblia é a escolha número 2, certo?

Mas espere aí...! Por você estar desperta e pensando no que o dia lhe reserva, você também começa a se lembrar de algumas coisas urgentes, importantes, necessárias e outras poucas coisas divertidas programadas para esse novo e brilhante dia. E, se você não estiver em guarda, perceberá que, a menos que comece a eliminar algumas coisas de sua agenda, não conseguirá dar conta de tudo — em especial separar tempo para ler sua Bíblia. Portanto, adivinhe o que acontece a seguir? A grande preceptora da administração do tempo existente em seu íntimo começa a cortar tarefas de sua lista de afazeres, em geral partindo de seu período com a Bíblia. Você pode até mesmo prometer a si mesma: *Estou certa de que terei algum tempinho na hora do almoço, ou durante um intervalo em meu dia, ou ainda à noite para ler a Bíblia!*

E adivinhe o que acontecerá? No fim do dia, você ainda não terá lido nem sequer uma letra da Palavra de Deus — a carta de amor pessoal e o livro de instruções do Senhor para você! Você se esqueceu de que toda a *Escritura é divinamente inspirada e proveitosa para ensinar, para repreender, para corrigir, para instruir em justiça* (2Timóteo 3:16).

Agora, o que dizer de todas as outras coisas que você fez durante o dia? Será que alguma delas foi *proveitosa*? Tenho certeza de que parte delas foi — a família, a casa, o trabalho e a educação e o ministério, pois, afinal, essas são suas prioridades. Contudo, talvez não aquela ida à padaria para comprar pão doce, não é mesmo? Ou ainda aquela maravilhosa liquidação que acontece em sua loja de departamentos favorita? (Sem levar em consideração que seu armário já está abarrotado!)

No entanto, para contrastar com essa situação — e sem a menor sombra de dúvida —, posso garantir que o período de tempo com sua Bíblia é um tempo empregado de forma excelente porque você se envolve em uma atividade 100% lucrativa. Isso pode parecer óbvio, mas afirmarei assim mesmo: comece seu dia de uma forma que você possa garantir que ele seja proveitoso por passar tempo com Deus.

Amo a perspectiva sobre o tempo empregado na leitura da Bíblia transmitida a nós pelas palavras de George Müller. Elas me convenceram porque, enquanto tentamos com frequência imaginar um atalho quando se trata de nosso tempo com a Palavra de Deus, esse homem nos mostra uma mentalidade totalmente oposta. Falaremos sobre isso agora e voltaremos a esse autor no capítulo seguinte...

George Müller, evangelista cristão, foi também diretor do agora lendário orfanato Ashley Down, em Bristol, na Inglaterra. Foi ali que ele, pela fé nas promessas de Deus e por meio de orações fervorosas, cuidou de todas as necessidades — alimentos, roupas, saúde e educação — de 10.024 órfãos ao longo de sua vida. As palavras dele apontam para a busca diária de nosso conhecimento de Deus e da força disponível para nós na Bíblia. Permita que as palavras dele falem a seu coração e acendam a chama da paixão pela Palavra de Deus à medida que você enfrenta suas necessidades diárias.

> O vigor de nossa vida espiritual está na proporção exata da posição que a Bíblia ocupa em nossa vida e pensamentos. Faço essa solene afirmação por experiência em meus 54 anos de existência. Nos primeiros três anos após minha conversão, negligenciei a Palavra de Deus. Desde que comecei a buscá-la com diligência, a bênção tem sido imensa. Já li a Bíblia inteira mais de cem vezes e com deleite cada vez maior. A cada leitura, parecia um livro novo para mim. Maravilhosa é a bênção do estudo diário, diligente e consecutivo. Considero um dia perdido quando não passo um bom tempo debruçado sobre a Palavra de Deus.[2]

E, seguindo adiante, chegamos à escolha número 2! Depois de se levantar, escolha passar um momento com Deus. Esse é o tempo sagrado e precioso para olhar para Deus quanto a todas as coisas (atitudes, propósitos, compromissos e perspectivas) de que precisará hoje.

Por exemplo, força — quem tem força suficiente para enfrentar as agruras desta vida? E sabedoria — cada decisão nossa exige essa qualidade. Alegria — com certeza você pode estampar um sorriso falso, e é difícil ter alegria quando seus dias estão repletos de atividades, mas o Senhor é o doador do fruto do Espírito, sua alegria. E a disciplina — podemos preparar todas as listas do que fazer do mundo e criar um cronograma detalhadíssimo, mas é Deus quem nos estimula a seguir adiante e não interromper nossa caminhada.

Sua escolha de separar tempo para ler a Bíblia no início de seu dia é vital. Mesmo com todo o seu planejamento e preparativos, seu dia é ainda desconhecido — mas conhecido para Deus. A única certeza é que seu dia incluirá — e incluirá mesmo! — obstáculos, tribulações, desafios, surpresas, dores de cabeça e uma quantidade enorme de escolhas a serem feitas. Jesus disse: *No mundo tereis tribulações* (João 16:33).

No entanto, você pode contar com as bênçãos de Deus, sua graça abundante e totalmente suficiente (ele nos promete em 2Coríntios 12:9: *A minha graça te é suficiente*) e a evidência inconfundível de seu amor e sua alegria salpicados sobre todos os afazeres de seu dia.

> Portanto, antes de seu dia ter início...
> Ou fugir ao controle...
> E antes que as exigências do dia comecem seu ataque...
> E antes de as pessoas invadirem sua solidão e seu espaço,
> Faça isto: busque o Senhor.

Passe tempo com seu pai celestial, aprendendo com ele por intermédio de sua Palavra. Assim que sair da cama, escolha fazer de Deus sua prioridade número 1. Escolha colocar as primeiras coisas em primeiro lugar. Escolha encontrar-se com ele antes que seu dia comece a se desenrolar. Esse passo — essa escolha — realmente estabelecerá o tom de seu dia... e de sua voz... e de suas palavras... e de suas atitudes... e da forma como você trata as pessoas, e isso começa bem debaixo de seu teto.

E, verdade, consigo ouvir você — como ouço com frequência a mim mesma — pensar: *Não tenho tempo para parar e passar tempo com Deus. Isso realmente não é possível hoje. Quer dizer, tenho de encontrar algumas pessoas, ir a alguns lugares e fazer um monte de coisas!*

Contudo, como nos equivocamos com esse tipo de pensamento! Ele não leva em consideração o fato de que a Bíblia é um livro especial, porque é um livro espiritual. Na realidade, é o maior livro já escrito! E, se você for cristã, o Espírito de Deus — o Espírito Santo — falará à medida que você ler a Palavra de Deus. Essa é a razão pela qual é tão importante passar algum tempo lendo a Bíblia. Pois, quando você fizer isso, começará a pensar de forma distinta. Viverá de maneira diferente. Crescerá espiritualmente. Lidará com os assuntos práticos do dia a dia de modo diferente. E fará escolhas que terão a marca da sabedoria e da piedade divinas.

E como você será abençoada! Você não acha que esse aperitivo de benefícios e bênçãos vale o esforço de levantar-se alguns minutos mais cedo para que possa mergulhar seu ser, seu coração e sua alma na Palavra de Deus — pelo menos por alguns breves minutos? E o que pode ser mais convincente para conectar-se a Deus todas as manhãs que a afirmação surpreendente e desafiadora de Jesus: [...] *porque sem mim nada podeis fazer* (João 15:5)?

Por favor, não escolha ser uma mulher "nada". Antes, escolha ser uma mulher "alguma coisa"! Que a leitura de sua Bíblia seja a primeira coisa que você faz em seu dia. Depois saia para seu dia novinha em folha e produza frutos para Jesus, os frutos que beneficiam outras pessoas durante seu dia e que dão glória a nosso Deus e Salvador — frutos, mais frutos e muitos frutos!

CONTE SUAS BÊNÇÃOS

As bênçãos sobejam quando você se volta para a Palavra de Deus. E que bênçãos você recebe quando faz essa segunda escolha! Por exemplo.

- **A Bíblia impede que você tenha o comportamento errado** — *Guardei a tua palavra no meu coração para não pecar contra ti* (Salmos 119:11). As Escrituras ensinam e instruem. Admoestam quando e onde você estiver errada. Apontam o pecado em sua vida. Corrigem e endireitam seus pensamentos e escolhas. E treinam e capacitam você a viver para Deus, ajudando-a a escolher a fazer o que é certo.

- **A Bíblia guia você na direção certa** — *Tua palavra é lâmpada para meus pés e luz para meu caminho* (Salmos 119:105). Meu marido e eu fazemos nossa caminhada matinal bem cedinho, enquanto ainda está escuro. Portanto, carregamos uma lanterna para nossa segurança e orientação. Contudo, quando o Salmo 119 foi escrito, a luz era fornecida por um único pavio embebido em óleo derramado em um pote de cerâmica que as pessoas seguravam na palma da mão. Não importa se você usa um pavio acesso, uma lanterna ou a fonte de seu celular, a luz na escuridão lhe dá confiança enquanto você segue adiante. Ela também impede que você saia do caminho. E ainda a impede de tropeçar em algum obstáculo e se machucar.

  Quando se trata de caminhar com Deus e de fazer as escolhas certas para que você siga o Senhor de todo o seu coração, a Palavra de Deus aponta a direção. Ela lhe dá a palavra de que você precisa para tomar as decisões certas e fazer as escolhas morais.

- **A Bíblia guia você na verdade** — *Toda a Escritura é divinamente inspirada e proveitosa para ensinar, para repreender, para corrigir, para instruir em justiça* (2Timóteo 3:16). Há poucas coisas das quais você pode ter certeza absoluta. A Bíblia, no entanto, está na rara categoria da certeza absoluta. *Toda a Escritura* — a Bíblia inteira — é 100% proveniente de Deus, 100% inspirada pelo Senhor, 100% verdadeira e 100% pura. Você nunca deve duvidar de nada que lê na Bíblia.

  E será que você consegue lidar com uma bênção adicional? A Bíblia é *proveitosa*. Todo o tempo — 100% dele — que você gasta com a Palavra de Deus é 100% aproveitável. É útil. É uma garantia de tempo bem empregado.

- **A Bíblia prepara você para servir aos outros** — *... a fim de que o homem de Deus tenha capacidade e pleno preparo para realizar toda boa obra* (2Timóteo 3:17). Que resultado incrível a Palavra de Deus tem em nossa vida! Minhas palavras favoritas nesse versículo são "capacidade", "pleno" e "toda". Pense sobre isso: a Palavra de Deus a torna "capaz e proficiente em tudo o que você é chamada a fazer".³ Ela prepara e capacita você plenamente para viver de forma reta. E essa capacitação se estende a seu serviço em *toda* boa obra.

- **A Bíblia aguça seu discernimento e julgamento** — *Porque a palavra de Deus é viva e eficaz, [...] e é capaz de perceber os pensamentos e intenções do coração* (Hebreus 4:12). Enquanto você lê a Bíblia, coisas dramáticas acontecem. Assim como você não consegue ficar perto do fogo sem sentir seu calor, também não pode ler a Bíblia e não ser afetada por ela. A Bíblia é viva! É poderosa! É dinâmica. Sempre que você se aproxima da Palavra de Deus, é como se o solo retumbasse. Portanto, siga em frente. Pegue sua Bíblia... e prepare-se para que seu mundo seja abalado! A Palavra de Deus muda — e certamente mudará! — sua vida. E uma dessas mudanças será em sua perspectiva em relação às questões da vida. Você verá o mundo e suas decisões da forma que Deus as vê. Você se surpreenderá pensando da forma como Deus pensa sobre elas. Passará a ser mais sensível à forma como escolhe viver e às escolhas que faz à medida que as Escrituras a ajudarem a discernir seus pensamentos e motivarem seu coração.

- **A Bíblia fornece instruções para a vida eterna** — [Em referência a Timóteo] *desde a infância sabes as Sagradas Letras, que podem fazer-te sábio para a salvação, pela fé que há em Cristo Jesus* (2Timóteo 3:15). Essas palavras foram proferidas sobre o homem Timóteo, um poderoso servo de Deus. Graças a uma mãe e uma avó piedosas que lhe ensinaram fielmente a Palavra de Deus, Timóteo ouviu e conheceu as verdades do evangelho. O caminho para a salvação e a vida eterna foi posto diante dele.

ENVOLVENDO-SE COM A PALAVRA DE DEUS

Será que você consegue perceber por que a escolha para passar tempo com Deus em sua Palavra é muitíssimo importante? Ela dá o pontapé inicial para o progresso e a maturidade espirituais. Envolver-se com a Bíblia e passar um tempo de quietude a sós com Deus leva você a fazer as melhores escolhas, o que a conduz a crescer à semelhança de Cristo. Isso a torna mais parecida com Jesus. Como isso acontece? É um trabalho realizado em seu interior. A Bíblia, na realidade, transforma seu coração.

Portanto, como certificar-se de viver o milagre de uma remodelação espiritual todos os dias, sem exceção? Eis alguns passos que você pode dar para aumentar seu amor pela Bíblia e pela compreensão da Palavra de Deus. Quando você dá esses passos todos os dias, faz a escolha de priorizar seu tempo com Deus — sua prioridade número 1!

Leia a Bíblia

Eu poderia acrescentar o seguinte: *simplesmente* leia. Comece em qualquer ponto! A única forma equivocada de ler a Bíblia é não ler de forma alguma. Você pode encontrar um plano de leitura em muitas Bíblias, *on-line* ou em sua livraria cristã. Também incluí um deles no final deste livro.

Estude a Bíblia

Basta pegar um lápis e sublinhar alguns trechos à medida que lê a Bíblia, e você já está estudando! Faça a seguinte oração sobre o estudo inspirado da Bíblia enquanto a lê: *Desvenda-me os olhos, para que eu veja as maravilhas da tua lei* (Salmos 119:18). E você sempre pode pedir para que outras pessoas a ajudem a se aprofundar em sua Bíblia. Veja o plano de estudo no *Guia de estudo*[4] tendo esse propósito em mente — ajudá-la a se aprofundar nas verdades apresentadas ao longo deste livro.

E eis outra grande dica: leve um caderno para a igreja e faça anotações durante o culto e o estudo bíblico. E a minha ideia favorita? Faça um diário sobre o que você está aprendendo. Eu tenho esse hábito... e meu diário é um tesouro inestimável que me permite ler e reviver muitas vezes a descoberta sobre as verdades de Deus. Escolha um diário que seja inspirador e a faça feliz. E, é claro, use uma caneta com sua cor favorita!

Ouça a Bíblia
Certifique-se de ir à igreja. E participe do estudo bíblico para mulheres. Essas são duas formas essenciais de ouvir regularmente o ensino da Palavra de Deus. Minhas duas filhas mudam muito de casa — muito mesmo! E a primeira coisa que fazem no novo local é procurar uma igreja e encontrar algum estudo bíblico do qual possam participar. Isso lhes permite ainda fazer rapidamente novas amizades cristãs.

Memorize a Bíblia
Não existe maneira melhor para viver da forma como Deus deseja do que ter a Palavra no coração e na mente — e segui-la! Se as verdades de Deus estiverem presentes em você, ele a ajudará a aplicá-las à vida diária. E o Senhor as usará para orientá-la nas escolhas certas.

E permita-me dizer: você é capaz de fazer isso! Você é capaz de memorizar. Qualquer criança consegue memorizar, semanalmente, versículos da Bíblia. Uma de minhas netas memorizou o livro de Tiago quando tinha 11 anos de idade. Como eu já disse, você é capaz!

Deseje a Bíblia
Você já conhece a importância do alimento físico. Bem, deve considerar o alimento espiritual da Bíblia como ainda mais importante. Conforme Jó declarou: *Do preceito de seus lábios nunca me apartei e as palavras da sua boca prezei mais do que o meu alimento* (Jó 23:12, ARC).

A ESCOLHA É SUA

Faça uma reflexão — a Bíblia é toda sua o tempo todo. É a fonte suprema de verdade e poder. E esse é o tratamento sublime de beleza que começa de dentro para fora. É o guia supremo para fazer escolhas certas. À medida que a Palavra de Deus abre caminho em seu coração, ela estimula sua mente. E outro benefício é que a Bíblia transforma sua visão sobre si mesmo, as outras pessoas e coisas que estão acontecendo em sua vida.

Você quer uma vida mais recompensadora e realizadora? Então, Deus tem boas notícias para você! Você pode ter essa vida. Sua vida melhor está tão próxima quanto o movimento de estender a mão para pegar sua Bíblia todos os dias, abri-la e separar alguns minutos para ouvir o que Deus diz diretamente a você. É muito fácil ter uma vida melhor: ao ler a Bíblia, você saberá o que fazer e como lidar com o que quer que apareça em seu caminho. Você receberá do próprio Deus as ordens para marchar, bem ali na carta de amor que ele escreveu para você — a Bíblia.

O melhor tipo de estudo

Se você é cristã, faz sentido querer aprender tanto quanto possível sobre Jesus Cristo e sua Palavra.

Pense nisso: de todas as coisas que você aprende em sua vida, qual é a mais importante? A coisa mais importante é saber quem é Deus e o que ele quer que você faça em sua vida. E, quanto mais você aprender sobre ele, mais se sentirá segura e encontrará força para quaisquer desafios que tiver de enfrentar. A leitura da Bíblia é o melhor tipo de estudo!

— Kelly[5]

As diretrizes de Deus para você fazer as escolhas certas... sobre como se envolver com a Bíblia

As diretrizes apresentadas a seguir ajudarão você a caminhar ao longo de seu dia, confiante de que está buscando fazer as escolhas certas.

- A Bíblia impede você de pecar. *Guardei a tua palavra no meu coração para não pecar contra ti* (Salmos 119:11).

- A Bíblia guia você na direção correta. *Tua palavra é lâmpada para meus pés e luz para meu caminho* (Salmos 119:105).

- A Bíblia lhe dá as respostas. *Toda a Escritura é divinamente inspirada e proveitosa para ensinar, para repreender, para corrigir, para instruir em justiça* (2Timóteo 3:16).

- A Bíblia trabalha em seu coração. *Porque a palavra de Deus é viva e eficaz, mais cortante que qualquer espada de dois gumes; penetra até o ponto de dividir alma e espírito, juntas e medulas, e é capaz de perceber os pensamentos e intenções do coração* (Hebreus 4:12).

- A Bíblia é seu maior tesouro. [As palavras e verdades de Deus] *são mais desejáveis que o ouro, sim, do que muito ouro puro, mais doces do que o mel que goteja dos favos* (Salmos 19:10).

capítulo **cinco**

FORTALECENDO-SE PARA UM GRANDE DIA

> ... sejam os vossos pedidos plenamente conhecidos diante de Deus por meio de oração e súplica com ações de graças.
> — Filipenses 4:6

Eis uma experiência que jamais esquecerei! Peguei um lenço de papel e enxuguei delicadamente os olhos e depois o encostei de leve no meu nariz (tentando ser uma dama, é claro) enquanto tentava manter o controle sentada em nosso sofá puído de nossa minúscula sala de estar. Olhei ao redor e vi o que dez anos de vida familiar cristã haviam me proporcionado financeiramente. Quando meu marido, Jim, sentiu o chamado para o ministério, vendemos com alegria tudo o que tínhamos para seguir Cristo. Assim, nossa família de quatro membros mudou-se para uma casa muito pequena, mas adequada para nós, a fim de que pudéssemos ter meios para pagar o treinamento de Jim no ministério enquanto sobrevivíamos com seus vários trabalhos de meio período.

E ali estava eu sentada na beirada asquerosa de nosso velho sofá, o qual, por falta de alternativas, se tornara meu "local de oração"!

Enquanto eu examinava as páginas dos pedidos de oração para começar minha trilha, vislumbrei nosso forro com manchas de bolor por causa da chuva. Tínhamos um vazamento — era óbvio! E realmente precisávamos com urgência de um novo telhado.

Mas, "Ó Senhor", clamou meu coração antes mesmo de eu iniciar minha oração propriamente dita, "não temos reservas para gasto tão vultoso". Eu estava desesperada naquele dia memorável porque, na noite anterior, minhas filhas e suas amigas da igreja dormiram em casa. Um grupo adorável de meninas acampara na sala de estar. E, infelizmente, o que foi bastante embaraçoso, parte do forro, próxima do vazamento principal, cedera à lei da gravidade, e o impensável acontecera. Partes do forro caíram sobre as meninas enquanto elas dormiam nos sacos de dormir perfeitamente alinhados na sala! Jim e eu acordamos em choque com os gritos de pavor daquele grupo de meninas de 10 anos! (Tenho certeza de que as meninas e suas famílias ainda têm muito sobre o que recordar da noite em que dormiram na casa dos Georges!)

Bem, ali estava eu, chorando desbragadamente. Não por causa da falta de "bens materiais". E não por causa da idade e do bolor de nossos objetos "chiques de segunda mão". Nem por causa do sofá puído. Tampouco por causa daquele buraco negro assustador em nosso forro. Bem, no passado tivemos bens! Tivemos tudo! Mas não tínhamos Cristo.

No entanto, naquela manhã — e é difícil explicar —, minhas lágrimas eram lágrimas de alegria. Por quê? Porque agora eu tinha um relacionamento com o Bom Pastor que prometeu que nada de que eu realmente precisasse me faltaria (veja Salmos 23). E essa era a razão pela qual eu me encontrava com o Senhor em oração. Quando recém-convertida, aprendera a não fazer orações vagas e esperar um novo telhado. Ao contrário, aprendera que precisava orar especificamente pelos membros de minha família, pelas outras pessoas, pelos missionários... e pela intervenção divina em relação ao buraco em nosso forro!

DEUS ESTÁ DISPONÍVEL PARA VOCÊ 24 HORAS POR DIA, 7 DIAS POR SEMANA

Parte do meu uniforme favorito para escrever é composta por calças de sarja com seis bolsos grandes. Na verdade, assim que elas se tornaram meu uniforme, comprei várias outras do mesmo estilo, mas de muitas cores distintas. E o bolso mais usado é o lateral na altura do final da coxa, grande o bastante para comportar meu celular. Bem, embora eu tenha um celular, não o utilizo com a frequência de meu marido, de minhas filhas ou de outras mulheres. Para mim, seu principal uso é enviar mensagens para minha família, ler em meu aplicativo de leitura digital Kindle (sempre que fico presa em algum lugar esperando por algo ou alguém), dar algum eventual telefonema, usar o *Twitter* e receber as manchetes com as notícias do dia.

Todas as pessoas parecem ter celular. E muitas parecem estar optando por substituir o telefone fixo pelo celular. Por ser digital, o celular permite que você entre em contato com o mundo todo e, ao mesmo tempo, tenha acesso a *Facebook*, *Twitter* e *Skype*. E você pode buscar informações, verificar sua conta bancária, fazer compras *on-line* e encontrar praticamente qualquer coisa com seu celular. É uma ferramenta maravilhosa e uma bênção — quando está a seu alcance, carregado e conectado.

Sua vida de oração, de muitas maneiras, é como um telefone celular — você pode orar a qualquer momento em que desejar, em qualquer lugar que quiser, pelo tempo que desejar. Contudo, de forma distinta do telefone celular, na oração não existem contas a pagar ou cobranças por transferência entre áreas de serviço. Você também não precisa selecionar o número de Deus na agenda de contatos. E sua comunicação com Deus não requer fone de ouvido ou *Bluetooth*. Além disso, você tem uma linha direta com o Deus do universo 24 horas por dia, 7 dias por semana, 365 dias por ano. E como denominamos essa tecnologia? Tecnologia divina, é isso aí!

ESCOLHENDO ORAR

Ainda assim, por alguma razão, apesar de termos essa linha direta com Deus, enfrentamos dificuldade para fazer a escolha de orar. Tivemos uma discussão séria em nosso grupo de mulheres domingo passado. Veja bem, faço parte de um grupo empolgante em nossa escola dominical formado só por mulheres com as mais variadas idades e de todas as esferas sociais. Há mulheres recém-casadas e mulheres com mais de 80 anos. Há mulheres solteiras, esposas de militares cujo marido está em prontidão, mulheres com uma carreira profissional e mães dona de casa. No último domingo, compartilhamos uma lição sobre a oração. Discutimos sobre vários tipos de oração, e essa discussão foi seguida por uma conversa sobre o que nos impede de orar.

Bem, praticamente 100% de minhas colegas concordaram que é mais difícil arrumar tempo durante o dia para a oração do que para a leitura da Bíblia. Chegamos à ousadia de compartilhar nossas "orações escapatórias", aquelas em que pedimos a bênção de Deus para nosso dia e de nossos entes queridos com uma sentença geral e bem abrangente como esta: "Deus, por favor abençoa hoje minha vida e a vida de minha família".

A seguir compartilhamos as "orações do tipo conserte isso ou aquilo", bastante genéricas, comumente proferidas enquanto damos graças pelos alimentos.

E, é claro, todas nos referimos à oração bastante popular, chamada de "a oração durante alguma atividade", aquela que fazemos enquanto estamos dirigindo, lavando roupa ou esperando na fila do supermercado. Essa prática simples de oração tem seus pontos positivos — como orar por aqueles envolvidos em algum acidente que bloqueia o trânsito, por uma criança que irá fazer um exame difícil, por tarefas complexas que nosso marido tem de enfrentar ou até mesmo por nossos pais doentes e idosos.

Tudo isso é muito bom!

No entanto, ao mesmo tempo, todas nós concordamos que interromper a loucura e a pressão de nossos dias agitados para sentar em um local tranquilo, em uma hora agendada, e separar tempo para fazer uma única coisa — orar — era um desafio extremamente difícil, para não mencionar uma fonte de fracasso diário. Ainda assim, considerando que a atividade de oração é tão simples quanto inclinar a cabeça e compartilhar seu coração com Deus, seria esperado que orássemos com mais frequência e de forma mais fiel do que fazemos.

DEZ RAZÕES PELAS QUAIS NÃO ORAMOS

Você já pensou em por que não oramos — ou não oramos com maior frequência? Tenho certeza de que você já pensou, e talvez pense todos os dias em que não ora. E eu também penso. Quando examino meu coração e minha mente, descubro algumas razões — e desculpas — para não orar. Eis minha lista. Talvez você se identifique com alguns dos seguintes motivos:

1. *Mundanidade.* O mundo nos afeta mais do que imaginamos. Exerce pressão constante para que nos conformemos a ele e vivamos como ele vive, em vez de viver com plena paixão pelo Senhor. E, algumas vezes, em nosso orgulho e presunção, por termos vestimentas, alimentos, abrigo, poupança, família e amigos, além de muita diversão, concluímos equivocadamente: "Por que preciso conversar com Deus? Tenho tudo aquilo de que preciso sem desperdiçar meu tempo orando".
2. *Agitação.* Outra razão pela qual não oramos é porque não separamos um tempo para orar nem fazemos um esforço para termos esse tempo com Deus. A oração não é uma prioridade para nós, portanto preenchemos nosso tempo com coisas aparentemente sem importância. Estamos tão ocupadas que nem mesmo conseguimos planejar o ato de orar em nossa vida diária!
3. *Tolices.* Sempre que nos ocupamos com tolices, com coisas triviais e sem sentido, não oramos. Começamos a perder a habilidade para distinguir entre o que é bom e o que é mau; entre o que é essencial e o que tem pouco valor eterno. Tudo se transforma em

uma área cinzenta que não exige oração. (Ou, pelo menos, é isso que pensamos!)
4. *Distância*. Não temos problemas em conversar com nossa família e nossos amigos. Na realidade, podemos conversar por horas a fio — e algumas vezes fazemos isso mesmo! Contudo, você já conversou com alguém de fora de seu círculo de relacionamentos? Ou com um visitante na igreja? Ou com a nova integrante do grupo de estudos bíblicos? Isso requer um pouco mais de esforço. E o mesmo acontece quando você conversa com Deus. Quando seu relacionamento com o Senhor não é cultivado nem alimentado regularmente, você sente como se estivesse falando com um estranho e acha difícil entabular uma conversa com seu Pai celestial. Você fica calada! Surpreendentemente, você não sabe o que dizer, e não se sente próxima dele nem confortável em sua presença. Em suma, é algo embaraçoso!
5. *Ignorância*. Não fazemos a menor ideia de como a oração funciona. E não compreendemos como ela ajuda em nosso relacionamento com Deus e em nossas escolhas. Em essência, não compreendemos o amor de Deus por nós e seu poder para tornar nossa vida melhor.
6. *Pecaminosidade*. Não oramos porque sabemos que fizemos algo errado. Em nosso coração, sabemos que precisamos conversar com Deus sobre esse pecado, confessá-lo, reconhecer que o que fizemos é contra a vontade do Senhor e diferente daquilo que ele deseja para nossa vida. O que podemos fazer a respeito de nossos pecados e falhas? Escolha manter todo esse relato em dia com Deus. Trate de qualquer pecado à medida que ele vier à tona — no ato — no momento em que o tiver praticado, em que tiver escorregado ou falhado.
7. *Infidelidade*. Não acreditamos realmente no poder da oração. Isso é porque não conhecemos as surpreendentes promessas relacionadas à oração feitas por Deus. Não conhecemos as garantias do Senhor para as respostas à oração — ou não acreditamos nelas. Portanto, não cremos que a oração faça alguma diferença. Assim... não oramos.

8. *Orgulho*. A oração mostra nossa dependência de Deus. Quando falhamos em orar, nosso orgulho nos faz dizer que não temos nenhuma necessidade. Ou, pior, declaramos: "Deus, sou muito boa nisso aqui. Já resolvi esse problema. Sei cuidar de mim mesma. Muitíssimo agradecida!".
9. *Inexperiência*. Não oramos porque... não oramos! E, porque não oramos, não sabemos como orar... portanto não oramos! Somos como cães correndo atrás da própria cauda. É um ciclo que não leva a nada!
10. *Preguiça*. Talvez essa última razão para não orarmos seja o principal obstáculo. Simplesmente não podemos nem iremos fazer o esforço para conversar com Deus. A oração é um ato da vontade. É uma escolha — uma escolha que você pode ter certeza de sempre ser a escolha certa! Você precisa realmente *querer* orar... e *escolher* orar.[1]

UM PUNHADO DE RAZÃO PELA QUAL DEVEMOS ORAR

Pense novamente na razão número 5 para não orarmos — ignorância. Não sei quanto a você, mas a última coisa que eu quero na vida ser é ignorante! Em especial, não quero absolutamente ser ignorante sobre Deus, seu caráter e suas promessas. E acho que você também não gostaria de cultivar esse tipo de ignorância.

Portanto, para começar a saber mais sobre o que Deus ensina sobre a oração, reflita sobre as promessas e garantias maravilhosas envolvidas na oração. Observe especialmente a mensagem de Deus para seu coração em relação à sua vida e medite sobre como a oração ajuda você a vivê-la da forma que o Senhor deseja. Depois, escolha um versículo a seguir de sua preferência para memorizar. E fique livre para escolher outro trecho bíblico se assim desejar. Deus usará essa passagem para encorajar sua atenção fiel. E ele usará essa prática para alimentar seu compromisso para desenvolver em seu íntimo o coração de uma mulher que ora.

Pedi, e vos será dado; buscai, e achareis; batei, e a porta vos será aberta. Pois todo o que pede, recebe; quem busca, acha; e ao que bate, a porta será aberta (Mateus 7:7,8).

Por isso vos digo que tudo o que pedirdes em oração, crede que já o recebestes, e o tereis (Marcos 11:24).

Clama a mim, e te responderei, e te anunciarei coisas grandes e inacessíveis, que não conheces (Jeremias 33:3).

Portanto, aproximemo-nos com confiança do trono da graça, para que recebamos misericórdia e encontremos graça, a fim de sermos socorridos no momento oportuno (Hebreus 4:16).

Alguém entre vós está aflito? Ore. Alguém está contente? Cante louvores (Tiago 5:13).

Se algum de vós tem falta de sabedoria, peça a Deus, que a concede livremente a todos sem criticar, e lhe será dada (Tiago 1:5).

Eu, porém, vos digo: Amai os vossos inimigos e orai pelos que vos perseguem (Mateus 5:44).

Cobiçais e nada conseguis. Matais e invejais, e não podeis obter; brigais e fazeis guerras. Nada tendes porque não pedis. Pedis e não recebeis, porque pedis de modo errado, só para gastardes em vossos prazeres (Tiago 4:2,3).

TEMPO DE FAZER UM *CHECK-UP* NO CORAÇÃO

A oração é uma atividade espiritual. E todas as pessoas que desenvolvem uma vida de oração dirão a você que a oração exige uma resolução de coração e requer esforço. Portanto, se você não estiver orando — ou se não estiver orando muito... ou não tanto quanto desejaria! — examine essa lista. Coloque seu coração nesse exame. E, para começar o *check-up* de seu coração, ecoe o clamor do rei Davi ao Senhor: *Sonda--me, ó Deus, e conhece o meu coração; prova-me e conhece os meus pensamentos* (Salmos 139:23).

Examine seu relacionamento com Deus. Há algo que provocou o aparecimento de uma barreira entre você e Deus? Você se sente distante dele? Depois, pergunte a si mesma: "Há alguma atividade ou atitude em meu coração que está obstruindo meu relacionamento com Deus? Estou sentindo a condenação do Espírito Santo a respeito de algo errado que tenho feito ou de alguma escolha errada? Estou me comportando da maneira errada — de uma maneira que desagrada a Deus?".

Se sua resposta for afirmativa, esteja disposta a rapidamente fazer o que for preciso para lidar com os obstáculos existentes entre você e Deus, a fim de destruir essa obstrução que impede que tenha um relacionamento aberto e amoroso com o Senhor — um relacionamento que a capacita a falar com ele sobre tudo, incluindo fazer as escolhas certas. Afinal, se você não conseguir falar com Deus sobre as escolhas que precisa fazer, se não conseguir conversar com ele sobre suas opções, e se não conseguir pedir a orientação clara, não será capaz de fazer as escolhas certas.

Examine seu estilo de vida. Você frequenta uma igreja que estimula seu crescimento espiritual, sua fome por Deus? E o que — ou quem — está influenciando você? Você influencia as pessoas positivamente em relação às coisas de Deus? Se esse não for o caso, essas coisas precisam sair de sua vida. Além disso, será que seu estilo de vida inclui interação com outros cristãos que a incentivam em sua caminhada com Deus e estimulam seu crescimento em Cristo? Lembre-se da seguinte verdade: nada ou ninguém é tão importante a ponto de colocar em perigo seu relacionamento com Deus e sua habilidade de conversar com ele em oração.

Examine seu desejo. A oração jamais se tornará um hábito transformador de vida ou uma disciplina espiritual se estiver faltando o principal ingrediente — o desejo. Você pode saber *o que* deve ser feito. E pode saber *por que* deve fazer isso. Pode até mesmo saber *como* fazer isso. No entanto, se não *desejar* e não quiser fazer isso, não fará essa escolha, e isso não se tornará real em sua vida. Por favor, não permita que isso aconteça com você quando se tratar de fazer as escolhas em sua vida.

AJUDANDO A ORAÇÃO A ACONTECER

É sempre bom ler livros sobre a oração e aprender sobre ideias e métodos distintos para fazer uma oração acontecer. No entanto, em última instância, tudo se resume à sua disposição de fazer isso acontecer. Com isso em mente, eis dois princípios extremamente simples que ajudarão você a rejeitar todas e quaisquer desculpas para não orar. Essas duas práticas a ajudarão a se transformar em uma mulher de oração.

Direto para a cama. (E agora voltamos à escolha número 1 — sair da cama.) Levantar-se amanhã e garantir que você tenha tempo para orar significa que você precisa ir para a cama na hora certa. Eis como isso acontece. Levantar-se com tempo para falar sobre sua vida e seus problemas com Deus começa com o propósito de ir para a cama assim que o jantar acabar. Acabe de limpar tudo, arrume as crianças e as coloque para dormir. Cuide de todas as atividades que precisam ser feitas.

A seguir, faça seu ritual antes de ir deitar. Lave o rosto e escove os dentes (você conhece todas as tarefas). E, após fazer essas tarefas, examine sua agenda do dia seguinte e comece a preparar a lista das coisas que precisam ser feitas no novo e brilhante amanhã. Coloque sua Bíblia e sua lista ou caderno de oração no local onde você planeja ter seu tempo de quietude no dia seguinte. Depois vá para a cama o mais cedo possível para que você possa se encontrar e conversar com a pessoa mais importante de sua vida logo pela manhã — seu Pai celestial.

Comece a organizar um caderno pessoal de oração. Siga em frente e seja criativa. Escolha sua cor favorita. Decore-o. Acrescente uma capa de plástico para as fotos daquelas pessoas por quem você ora. Guarde uma caneta muito especial dentro desse caderno, lenços de papel e também folhas adicionais. E depois, é claro, apresente-se para uma oração de verdade e faça muito bom uso desse elegante recurso!

Você se lembra do que eu disse sobre minha oração no passado, de que ela consistia em murmurar estas palavras para Deus: "Deus, abençoa minha família hoje"? Bem, por que não ser específica — e ousada? Por que não pedir que Deus abençoe a preparação de sua filha para o vestibular no próximo sábado? Ou por que não implorar fielmente para que Deus intervenha nos procedimentos de divórcio de alguém? Esses são detalhes particulares, e seu caderno de oração pode ajudar você a ser específica quanto aos motivos sobre os quais ora quando conversa — ou trava uma batalha — com Deus sobre esses assuntos. De toda forma, você deve estar provavelmente se preocupando com essas coisas! Portanto, por que não apresentar a cada novo dia essas questões específicas a Deus em suas orações?

"Alguma coisa é melhor que nada." Essa é uma das poucas falas motivadoras sobre a oração que dirijo a mim mesma para me estimular a orar. Outras falas são: "Qualquer oração é melhor que nenhuma oração!" e "Um pouco de oração é melhor que nada". Portanto, comece com suas orações do tipo "alguma coisa", "qualquer" e "um pouco". Comece com a escolha de orar alguns minutos todas as manhãs. Depois, aumente de forma gradual seu tempo empregado em oração. Pessoalmente, sou adepta de usar um cronômetro. Quando lidei a primeira vez com a disciplina espiritual da oração, eu me sentava à mesa da cozinha. Daí ajustava o relógio da cozinha para cinco minutos e me permitia parar quando o alarme tocava.

O que aconteceu? A parte mais difícil, é claro, estava começando. E, como tudo mais em nossa vida, a parte mais difícil de qualquer tarefa é começar! Eu mal podia acreditar como era difícil parar todas as minhas atividades e a vida agitada, dar as costas para todo trabalho que ainda estava por fazer, sentar-me, programar o alarme e (suspiro... por fim!) começar a orar.

O que descobri foi que, assim que eu me acomodava para orar, quase morria de susto quando o cronômetro tocava anunciando que os cinco minutos já haviam terminado. Depois, por já ter feito a parte mais difícil — tomar a decisão de orar e começar de fato minha oração —, tudo o que queria fazer era continuar orando!

Eu estava deslanchando na oração e tendo um momento maravilhoso com meu Senhor.

Pense nisso. Será que cinco minutos de oração não são melhores que nenhum minuto de oração? É claro! Um pouco é melhor que nada. Portanto, comece com pouco e observe coisas poderosas acontecendo. Seja fiel em apresentar a Deus em oração as decisões a serem tomadas e as escolhas a serem feitas, e o Senhor será fiel em liderar e orientar você a fazer as escolhas certas. É um fato: *Reconhece-o em todos os teus caminhos, e ele endireitará tuas veredas* (Provérbios 3:6).

INICIANDO O DIA DE FORMA OUSADA

Depois de orar, você pode encarar seu dia com a seguinte atitude: "Que venha o touro!".

Como isso é possível? Bem, no momento em que você terminar seu período de oração, já tomou muitas decisões importantes. Apresentou sua lista de orações diante do trono de Deus. E, como o rei Ezequias do Antigo Testamento, aquele que levou ao templo as exigências de um exército invasor e seus próprios temores e os apresentou diante de Deus (2Reis 19:14-19), você também pode apresentar seus problemas e questões diante de Deus. Pode elevar a Deus cada uma de suas preocupações, tribulações, aflições, responsabilidades e desgostos a fim de receber sua orientação santa, sábia, justa e reta. Ele espera ouvir você pedir e quer lhe dar sua orientação perfeita.

Quando você — como uma mulher convertida ou transformada — levanta-se de seu momento de oração, já está pronta para dar os primeiros passos no seu dia. Está calma. A oração faz isso por você porque todas as questões, grandes ou pequenas, foram depositadas no colo do Senhor. Você conversou com ele sobre seu comportamento e seus hábitos. E já recebeu o aceno de aprovação — ou a direção do Senhor para mudar e aprimorar sua vida.

Será que você consegue lidar com ainda outra bênção? Por ter feito o registro de entrada de seu dia com Deus, você agora tem uma linha aberta para conversar com ele durante o dia todo. Você abriu seu coração e a porta para a comunicação contínua. Portanto, quando alguma surpresa, algum acontecimento inesperado, uma notícia impensável, uma tragédia ou um tratamento cruel aparecerem em seu caminho durante o dia, tudo o que você tem a fazer é continuar conversando com Deus enquanto atravessa sua tribulação. Você jamais perderá o passo em sua caminhada com o Senhor quando olhar imediatamente para ele. O Senhor, sem demora, orientará você quanto à forma correta de agir e ao que você deve fazer e dizer.

Em toda situação com a qual deparar, permita que seu primeiro ato seja elevar seu coração ao Senhor, e isso antes de fazer ou dizer alguma coisa. Conforme Tiago 1:5 nos instrui: *Se algum de vós tem falta de sabedoria, peça a Deus, que a concede livremente a todos sem criticar, e lhe será dada.* Não há necessidade nem razão para deixar passar nada em brancas nuvens em seu caminhar com Deus se você continuar conversando com ele ao longo do dia. Conforme um dos meus pastores lembrava constantemente à nossa congregação: "Toda golfada de ar que Deus permite que você inspire deve ser exalada em uma oração".

Portanto, seja ousada — em suas orações e em sua fé em Deus! Em qualquer momento — ao longo do dia e por toda a vida —, podemos aproximar-nos *com confiança do trono da graça, para que recebamos misericórdia e encontremos graça, a fim de sermos socorridos no momento oportuno* (Hebreus 4:16). Siga o exemplo do grande estadista de Deus, Neemias, e escolha orar!

A vida de oração de Neemias

- Quando se sentia desencorajado, ele orava (Neemias 1:4).

- Quando buscava por direção, ele orava (Neemias 1:5-11).

- Quando necessitava de auxílio, ele orava (Neemias 2:1-5).

- Quando estava sob ataque, ele orava (Neemias 4:4-5,9).

- Quando se sentia fraco e impotente, ele orava (Neemias 6:9).

- Quando estava alegre, ele orava (Neemias 12:27,43).[2]

As diretrizes de Deus para você fazer as escolhas certas... sobre a oração

As diretrizes apresentadas a seguir ajudarão você a caminhar ao longo de seu dia, confiante de que está buscando fazer as escolhas certas.

- Decida obedecer à Palavra de Deus — *Até a oração de quem se desvia de ouvir a lei é detestável* (Provérbios 28:9).

- Compartilhe com Deus tudo o que preocupa você — *Mas, na verdade, Deus me ouviu; ele tem atendido à voz da minha oração. Bendito seja Deus, que não rejeitou minha oração, nem afastou de mim o seu amor* (Salmos 66:19,20).

- Ore sempre em tempos de dificuldades — *Os olhos do* Senhor *estão sobre os justos, e seus ouvidos, atentos ao seu clamor. [...] Os justos clamam, e o* Senhor *os ouve; livra-os de todas as suas angústias* (Salmos 34:15,17).

- Ore, em vez de se preocupar — *Não andeis ansiosos por coisa alguma; pelo contrário, sejam os vossos pedidos plenamente conhecidos diante de Deus por meio de oração e súplica com ações de graças; e a paz de Deus, que ultrapassa todo entendimento, guardará o vosso coração e os vossos pensamentos em Cristo Jesus* (Filipenses 4:6,7).

- Não se esqueça de orar pelos outros — *... com toda oração e súplica, orando em todo tempo no Espírito e, para isso mesmo, vigiando com toda perseverança e súplica por todos os santos* (Efésios 6:18).

capítulo **seis**

TENDO UMA VIDA MAIS PARECIDA COM A DE JESUS

> Andai pelo Espírito e nunca satisfareis os desejos da carne.
> — Gálatas 5:16

Tudo bem! Você já está de pé. E se *realmente* parecer cedo demais? E se demorar um pouco até você cambalear pela casa e preparar uma xícara de café ou chá? E se seus primeiros minutos acordados forem usados para fazer tarefas que não exijam nenhuma atividade mental, como abrir as portas para refrescar a casa (enquanto a água do café está esquentando), ligar o computador (enquanto o café passa pelo coador) e tirar os pratos do jantar da máquina de lavar louça (quando o café está prontinho para ser consumido)?

Continue se movendo. Chamo isso de "momento delícia". Siga em frente e congratule-se por ter acordado e já estar em movimento, por mais vagaroso que seja esse mover. Certamente, você, com enorme probabilidade, não está exatamente alcançando os objetivos de sua vida... ainda. Não está escrevendo um capítulo, nem calculando os impostos e contas a pagar, tampouco terminando o trabalho da escola ou faculdade. Não está organizando o casamento de sua filha nem as bodas de ouro de seus pais, muito menos organizando o rodízio para levar as crianças à escola ou ir para o trabalho com seus colegas. Não está preparando as próximas férias nem pesquisando os preços das passagens. Não, só está de pé e movendo-se vagarosamente na dádiva desse novo dia que se inicia.

No entanto, assim que tudo começa a caminhar — e você já tomou seu cafezinho —, você também precisa começar de fato seu dia. Nesse instante, você tem uma grande escolha a fazer: Permitirei que meu dia — não, não meu dia agitado, mas meu dia impossível, meu dia em que jamais conseguirei fazer tudo o que é preciso — me arraste para o fosso do desespero? Ou escolherei *andar pelo Espírito* (cf. Gálatas 5:16)? Isso, minha amiga, é uma escolha. Por sermos cristãs, a Bíblia ordena que andemos no Espírito. E como toda ordem, isso também quer dizer que podemos escolher *não* andar pelo Espírito.

O QUE SIGNIFICA ANDAR PELO ESPÍRITO

Neste ponto, você pode estar ponderando: *O que toda essa informação sobre andar pelo Espírito tem que ver com as escolhas que eu faço? Será que essa senhora não percebe que estou enfrentando uma crise hoje? Por que ela não me diz como escolher um curso universitário, uma carreira ou uma colega de quarto? E como saberei com quem devo me casar? (O Brad é tão fofinho!)* E, *quando eu tiver filhos, será que devo matricular meus filhos em uma escola particular?*

A lista de escolhas que uma mulher precisa fazer é interminável: Como escolher uma igreja? Quando seguir e não seguir os desejos de seu marido? O que fazer quanto ao planejamento familiar?

Conheço muito bem todas essas situações e muitas outras. Tive de fazer escolhas sobre pais sofrendo de câncer e pais idosos com mais de 90 anos. Conheço os períodos difíceis que os adolescentes enfrentam e as coisas complicadas com as quais se envolvem. Já enfrentei a insegurança econômica e tive de decidir entre conseguir um emprego e deixar a casa de lado, ou pedir demissão e cuidar do lar!

Portanto, a grande pergunta na qual você deve estar pensando é esta: *Como caminhar pelo Espírito me ajuda a resolver os problemas e a fazer as escolhas certas?* Bem, fico feliz que você tenha perguntado! Pois aí está o segredo para fazer as escolhas certas. Quando caminha pelo Espírito, você recebe a orientação e a instrução do Espírito Santo de Deus. Ele está a seu lado quando você precisa tomar suas decisões (veja João 14:26). Com a garantia da mão do Senhor nos guiando, você lidará muito bem com suas opções e também se sentirá mais confiante.

Mas talvez eu tenha me adiantado um pouco. Talvez a questão básica que você esteja fazendo seja: *O que significa andar pelo Espírito?* Quando você escolhe andar pelo Espírito, sua vida, suas ações e suas reações ficam marcadas por aquilo a que a Bíblia se refere como *o fruto do Espírito*. Gálatas 5:22,23 enumera nove virtudes, qualidades, virtudes ou atributos — ou *o fruto* — que mostram ao mundo que você está sintonizada com Deus e escolhe lidar com as situações diárias da maneira de Deus:

> *Mas o fruto do Espírito é: amor, alegria, paz, paciência, benignidade, bondade, fidelidade, amabilidade e domínio próprio* (Gálatas 5:22,23).

Bem, permita-me esclarecer que andar pelo Espírito não significa fingir que os problemas não espreitam seu dia. Não, significa que você deve extrair coisas dos recursos que Deus lhe dá para lidar com seu dia impossível — com o poder e a força do Senhor... mas, ainda assim, que faça isso com a evidência da paz, amabilidade e do domínio próprio do Senhor.

Isso não soa como uma grande solução para seu dia potencialmente estressante? Não é uma grande maneira de lidar com seu dia desafiador? Em vez de ficar com raiva ou arrancar os cabelos, você sorri com alegria e antecipação admirável enquanto espera para ver como Deus a auxiliará, enquanto você e ele, juntos, trabalham no decorrer desse dia aparentemente impossível.

Ao longo de toda a Bíblia, o termo *fruto* refere-se à evidência do que está em seu íntimo. Qualquer pessoa que tenha recebido Jesus como Salvador e Senhor e tenha Cristo habitando em seu íntimo evidenciará esse fruto. Ele é chamado de *fruto de justiça* (Filipenses 1:11), descrito como "aqueles graciosos hábitos que o Espírito Santo produz nos cristãos".[1]

Eis alguns fatos que você precisa saber sobre o fruto do Espírito:

- A lista desses "hábitos graciosos" encontra-se em Gálatas 5:22,23. Apresento-os mais uma vez: eles são *amor, alegria, paz, paciência, benignidade, bondade, fidelidade, amabilidade e domínio próprio.*
- A ordem para termos o fruto do Espírito encontra-se nas Escrituras. Elas nos dizem — não nos pedem — para *andarmos no Espírito* (cf. Gálatas 5:16).
- O fruto do Espírito, com todas as suas virtudes, por ser uma ordem que nos foi dada, exige, portanto, uma escolha: "Vou escolher ou não andar pelo Espírito Santo para lidar com essa situação, incidente ou problema da maneira que Deus gostaria que eu agisse?".
- O fruto do Espírito, com todas as suas virtudes, é ilustrado na vida de Jesus. Andar pelo Espírito significa ser controlado pelo Espírito. Jesus caminhou momento a momento no Espírito e pelo Espírito. A vida dele, portanto, era total e perfeitamente caracterizada pelo fruto do Espírito.

UMA VISITA RÁPIDA AO FRUTO DO ESPÍRITO

Enquanto examinamos brevemente o fruto mencionado em Gálatas 5:22,23, acredito que você descobrirá como a evidência dessas virtudes a orientará a fazer as escolhas certas!

O amor é "o sacrifício do eu". Essa simples definição cristaliza o que a Bíblia nos ensina sobre o amor. "O amor não é uma emoção. É um ato de autossacrifício. Não é necessário sentir amor em relação a uma pessoa em particular. É possível não ter nenhuma emoção ligada a ele."[2]

Romanos 5:8 afirma que *Deus prova o seu amor para conosco ao ter Cristo morrido por nós quando ainda éramos pecadores.* Não vemos nenhuma emoção nesse versículo, mas temos certeza de que o amor de Deus envolve sacrifício!

O fruto do Espírito, com todas as suas virtudes, exige decisões e escolhas, e isso não é diferente em relação ao amor. É difícil amar em condições estressantes e menos que ideais. Ainda assim, Deus ordena que você escolha...

>   dar amor quando deseja negá-lo;
>   estender a mão para os outros quando está cansada e quer descansar;
>   servir quando quer ser servida e
>   ajudar os outros quando você mesma está ferida.

A alegria é "o sacrifício do louvor". Quando a vida é boa, o louvor e a ação de graças fluem livremente de nosso coração e lábios. Navegamos em mar de almirante! E é verdade — quando o sol brilha em nosso coração e vida, nós nos sentimos profundamente felizes.

No entanto, quando a vida fica escura e tempestuosa, o louvor e a ação de graças não fluem tão facilmente, não é mesmo?

E é nesses momentos que as pessoas confundem a alegria espiritual com a emoção da felicidade. Veja bem, felicidade é uma emoção que você sente quando experimenta a alegria espiritual ao escolher seguir o conselho de Deus e ser grata *por todas as coisas, pois essa é a vontade de Deus em Cristo Jesus para* [você] (1Tessalonicenses 5:18).

A alegria se assemelha a isto: embora você não se *sinta* com vontade de louvar o Senhor e agradecer a ele por tudo o que está acontecendo em sua vida, você segue em frente e *escolhe* fazer o que Deus diz, elevando louvores aos céus. A despeito de suas circunstâncias, você faz o esforço — você faz a escolha! — de ser grata. Essa é a razão pela qual a alegria é denominada sacrifício. No momento em que você preferiria se recolher na autocomiseração ou chafurdar em depressão, escolhe olhar para além de sua dor e oferecer seu louvor como sacrifício a Deus. Você dirige seu foco no Senhor, e não em seus problemas.

A paz é "o sacrifício da confiança". Você e eu fazemos o sacrifício da confiança quando enfrentamos a dor e o estresse e escolhemos confiar em Deus, em vez de entrar em pânico ou ter uma crise nervosa. Quando as circunstâncias em sua vida podem fazer disparar suas emoções por causa do pânico, seu coração entrar em colapso por causa do terror, sua força se transformar em um ataque de nervos, sua mente ficar apavorada, então você tem uma escolha a fazer. Você pode escolher ceder a esses sentimentos e tendências ou pode escolher confiar em Deus, apresentando-se diante do Senhor para que ele possa enchê-la de paz.

Escolher confiar em Deus — fazendo o sacrifício da confiança — faz você experimentar a paz do Senhor mesmo no meio de uma tremenda sublevação e do caos. O apóstolo Paulo nos mostra como fazer o sacrifício da confiança: *Não andeis ansiosos por coisa alguma; pelo contrário, sejam os vossos pedidos plenamente conhecidos diante de Deus por meio de oração e súplica com ações de graças; e a paz de Deus, que ultrapassa todo entendimento, guardará o vosso coração e os vossos pensamentos em Cristo Jesus* (Filipenses 4:6,7).

Que instruções simples! Você consegue perceber a simplicidade dessa ordem? *Não andeis ansiosos por coisa alguma!* Assim que você reduzir drasticamente sua ansiedade e conseguir dar o primeiro passo para se distanciar dessa reação, talvez, como eu, chegue a ponderar: *Tudo bem. Examinei a situação. Entendi, Senhor. E agora? Qual o próximo passo?*

Bem, aqui está ele. O apóstolo Paulo não nos deixou a ver navios e nos exortou: *Sejam os vossos pedidos plenamente conhecidos diante de Deus por meio de oração e súplica com ações de graças; e a paz de Deus*. Em outras palavras, *ore*! Aí está a chave para confiar em Deus. Pare de se preocupar... e comece a confiar. Pare de se preocupar... e comece a orar.

E, depois, como o creme *chantilly* batido e generosamente disposto sobre um pedaço de torta de maçã quentinha ou de um *sundae* com calda quente de caramelo, você desfrutará da rica bênção da *paz de Deus* que *ultrapassa todo entendimento* e também *guardará* seu coração e seus *pensamentos* contra o medo, a ansiedade, a dúvida e a depressão.

A paciência escolhe não fazer "coisa alguma". Algumas vezes, eu gostaria que a paciência não fosse mencionada tantas vezes na Bíblia! Mas é. E é a voz da sabedoria de Deus nos instruindo a sermos pacientes. Ele nos exorta a *vestirmos* a paciência — ou longanimidade (Colossenses 3:12, ARA), da mesma maneira que vestimos nossas roupas todos os dias pela manhã.

Não existe a menor dúvida sobre isso — a paciência é uma prioridade. Provavelmente, você já ouviu o gracejo: "Senhor, preciso de paciência, e preciso dela agora mesmo!". Talvez você já tenha feito essa oração. No entanto, precisamos da paciência de Deus, aquela que tem a capacidade de esperar, e esperar por um tempo muito longo! E, conforme você sabe, isso é quase impossível... sem a ajuda de Deus.

A paciência, contudo, não diz respeito apenas a esperar. É também essencial em todos os nossos relacionamentos, um passo prático para nos relacionarmos com as pessoas. Por exemplo, você precisa escolher ser paciente com seus adversários e também com pessoas difíceis ou problemáticas. E precisa escolher esperar e praticar o autocontrole quando for tentada a reagir de forma exagerada às travessuras e ao comportamento de seus filhos em toda e qualquer idade e estágios da vida.

E qual o primeiro passo em direção à paciência? É não fazer "coisa alguma". Isso não quer dizer que, por fim, você não fará nada. Nem quer dizer que você não deva fazer nada. Significa apenas que sua primeira resposta a uma situação estressante deve ser não reagir, não gritar, não berrar e não perder a cabeça.

E algo muito bom é que sua pausa pode durar apenas um ou dois segundos durante os quais você puxa o freio de mão e examina a si mesma. Você simplesmente para e não faz nada por alguns preciosos segundos, o que lhe dá a oportunidade de examinar a situação junto com Deus, em uma rápida oração, antes de tomar qualquer atitude. Algumas vezes a paciência requer gastar uma hora, um dia, uma semana ou talvez até mesmo um tempo mais longo para pensar, orar e buscar conselho *antes* de dar uma resposta a alguém, antes de tomar uma decisão sobre como lidar com um problema.

Acredite em mim: quando se trata de fazer escolhas, a paciência é a melhor amiga! Portanto, fique alerta ao longo do dia. É sempre fácil reagir de modo negativo ou emocional diante de uma surpresa ou algum evento doloroso — e isso é natural! No entanto, agir com paciência é a escolha mais difícil — o que é sobrenatural e fruto do Espírito. Quando você é paciente, exibe uma conduta semelhante à de Cristo.

Imagine a seguinte situação, se isso a ajudar. Enquanto penso a respeito da paciência, recordo quanto foi importante ensinar às minhas filhas que, em qualquer emergência, elas deveriam correr para o telefone e discar 1-9-0. E, *depois*, chamar algum vizinho, telefonar para um dos pais ou tentar fazer algo sobre essa crise.

Portanto, enquanto você busca ter cada vez mais paciência, pense nos primeiros segundos de qualquer encontro difícil como se fosse uma emergência. Depois dê o primeiro passo concreto: faça sua oração 1-9-0 para Deus. Conte a ele sobre seu problema. Peça a ajuda do Senhor. Peça para ter a paciência dele. E, enquanto está conversando com o Senhor, peça-lhe também a sabedoria divina! Preste atenção nessa primeira resposta extremamente importante — sua resposta de emergência 1-9-0. E só depois disso comece a lidar com a situação.

A benignidade escolhe "planejar fazer algo". Enquanto a paciência não faz nada rude ou pecaminoso enquanto resiste calmamente, a gentileza planeja agir. A benignidade, como todas as outras virtudes do fruto do Espírito, deseja a ação piedosa e, portanto, *escolhe* oportunidades para fazer algo. A benignidade é a delicadeza e a preocupação em relação às outras pessoas. Envolve doçura e disposição. E é um assunto do coração.

Certamente você e eu podemos olhar através dos olhos do amor e de um coração compassivo e escolher fazer algo por aqueles ao nosso redor — em especial aquelas pessoas que tornam nossa vida difícil. Eis um pensamento: Por que não criar uma seção em seu livro de oração intitulada "Inimigos"? Sempre que você tiver um relacionamento desafiador ou um encontro desagradável e estressante com alguém, essa situação deve entrar na sua lista de oração. Veja bem, a benignidade faz parte de seu caminhar com Deus! Certamente, você não quer permitir que nenhuma pessoa ou situação frustre ou destrua seu relacionamento com o Senhor. A oração ajuda seu coração a manter-se reto com Deus e a conduzir seus relacionamentos da forma como Deus quer.

A bondade escolhe "fazer tudo". Oh, como amo essa virtude do fruto do Espírito! A bondade faz tudo o que estiver ao alcance para derramar as bênçãos de Deus sobre as outras pessoas. A bondade segue através dos maravilhosos caminhos da gentileza. A bondade dá um passo gigante de boas intenções ao fazer de fato tudo o que for possível para servir aos outros.

John Wesley, o famoso pregador de alguns séculos atrás, compreendeu o princípio da bondade. Na realidade, ele escolheu transformar essa atitude em uma regra de vida, colocando-a em prática das seguintes maneiras:

> Faça todo o bem que puder,
> Por todos os meios que puder,
> De todas as maneiras que puder,
> Em todos os lugares que puder,
> Em todos os momentos que puder,
> Para todas as pessoas que puder,
> Pelo tempo que puder.

Certamente, se esse homem pôde escolher exibir esse tipo de gentileza, sem distinguir entre o amigo e o inimigo, você também pode escolher incluir a gentileza em sua lista das coisas a fazer durante seu dia.

A fidelidade escolhe "simplesmente fazer algo". Essa poderia ser a minha virtude favorita do fruto do Espírito. Talvez pelo fato de eu ter estado tão perdida e tão necessitada de me tornar alguém que toma a iniciativa, que acaba o que começou, que alcança os objetivos e que diligentemente cuida dos outros — como meu marido e minhas filhas! Minha definição de fidelidade diz tudo: fidelidade significa "simplesmente faça isso".

E, como uma virtude do Espírito, a fidelidade significa *escolher* fazer algo... independentemente do que isso exija de você. E fazer isso independentemente de seus sentimentos, humores ou desejos — *se o Senhor quiser* (Tiago 4:15).

O "fazer algo" deve se tornar seu grito de batalha enquanto você luta a cada dia com sua área de fraqueza, qualquer que seja ela.

Por exemplo, o cansaço vem no topo da lista para a maioria das mulheres que conheço, seguido de perto pela preguiça. Mas, quando você toma a decisão de fazer algo e escolhe olhar para Deus em busca da força do Senhor e com o propósito de *fazer algo*, ele lhe dá sua graça para ter vitória sobre o cansaço e a preguiça ou quaisquer que sejam suas áreas problemáticas.

E essa virtude ou qualidade de caráter posiciona você em uma categoria notável e maravilhosa de mulher. Infelizmente, a fidelidade é extremamente rara em nosso mundo! Ao escolher ser fiel, você estará vivendo uma das ordens de Deus para as mulheres cristãs — a de sermos *fiéis em tudo* (1Timóteo 3:11).

"Fiel em tudo." Será que você gostaria de ver essas palavras estampadas em seu túmulo? Melhor que isso, gostaria de vê-las escritas em seu coração, gravadas em sua mente e na memória daquelas pessoas que conhecem você e são abençoadas por sua amizade e ministério? Não existe preço para o valor de uma serva fiel do Senhor, uma esposa, mãe ou avó fiel, uma irmã e cunhada fiéis e uma amiga fiel.

A amabilidade escolhe "assumir a responsabilidade". A amabilidade, algumas vezes traduzida por mansidão, é como todas as outras virtudes do fruto do Espírito. Você precisa buscá-la em Deus, porque não existe nenhuma outra maneira de responder com amabilidade e demonstrá-la. A amabilidade cresce com o confiar ao Senhor o que está acontecendo — ou não está acontecendo — em sua vida. Uma mulher caracterizada pela amabilidade encontra refúgio e força no Senhor. Essa fé e essa confiança veementes capacitam-na a suportar o comportamento descortês e o sofrimento, pois essa mulher sabe que pertence ao Pai cuidadoso, onipresente, onisciente e todo-amoroso.

Um versículo muito conhecido de 1Pedro mostra a você e a mim a perspectiva de Deus sobre a amabilidade, em especial nas mulheres cristãs. Em vez de prestar muita atenção em sua aparência exterior, Deus ordena que você cuide do adorno do *íntimo do coração, com um espírito gentil e tranquilo, que não perece e tem muito valor diante de Deus* (1Pedro 3:4).

Aos olhos do mundo, a amabilidade pode se assemelhar a uma fraqueza. No entanto, é como o aço coberto de veludo. Graças à fé e à confiança firmes e inabaláveis em Deus (o aço), a mulher amável é capaz de responder aos desafios e à dor com amabilidade (o veludo). É preciso ter mais força para ser amável do que para perder a cabeça, retrucar, brigar e ter um ataque nervoso!

O domínio próprio escolhe "não fazer isso". É um fato. Você e eu vivemos em um mundo que nos pressiona para nos amoldarmos *ao esquema deste mundo* (Romanos 12:2). As tentações nos rodeiam por todos os lados. Ainda assim, em tempos de tentação, uma mulher que caminha pelo Espírito escolhe "não fazer isso", sem sucumbir à pressão e aos caminhos do mundo.

Em outras palavras, você escolhe não ceder a suas emoções, a suas paixões e a seus anseios. Você escolhe não pensar nem fazer o que sabe que é contra a Palavra de Deus. Decide não paparicar a si mesma, considerando-se merecedora desse mimo. Recusa-se a escolher o caminho mais fácil. Diante do pecado, você escolhe não racionalizar tal conduta — e há milhares de outras coisas do tipo: "Não faça isso"!

Em suma, ter domínio próprio significa olhar para Deus buscando sua força e sua graça para dizer não a tudo o que você precisa rejeitar a fim de ter uma conduta similar à de Cristo, segundo os padrões de Deus.

A BELA ARTE DE CAMINHAR

A fim de dar a volta completa e retornar ao ponto em que começamos, no qual tratamos do que significa andar pelo Espírito, podemos dizer em termos simples: andar pelo Espírito significa escolher viver cada momento em submissão a Deus. Andar pelo Espírito significa buscar agradar a Deus com os pensamentos que você escolhe ter. Andar pelo Espírito significa permitir que Deus guie cada passo de seu caminho. É permitir que Deus trabalhe em você e por seu intermédio para a glória do Senhor.

É claro, você e eu sabemos que caminhar pelo Espírito não é uma tarefa fácil. Tenho certeza de que você já notou que, mesmo sendo uma cristã nascida de novo pela obra de renovação do Espírito Santo, você ainda luta contra o pecado. Provavelmente, já se sentiu como o apóstolo Paulo, que afirmou: *Porque eu sei que em mim, isto é, na minha carne, não habita bem algum* (Romanos 7:18). Ele lamenta o seguinte fato: *Pois não faço o bem que quero, mas o mal que não quero* (Romanos 7:19). Tenho certeza de que já estive nesse lugar e fiz isso! Portanto, qual é a solução? Como você pode vencer na batalha furiosa entre o Espírito e a carne? O segredo chama-se "permanecer em Cristo", o que exigirá que você faça algumas escolhas (veja "As diretrizes de Deus para você fazer as escolhas certas... sobre como ter uma vida mais parecida com a vida de Jesus", no final deste capítulo).

ESCOLHENDO CRESCER EM DEUS

É uma tragédia quando as pessoas cristãs não vão além dos passos iniciais de seu nascimento espiritual. Isso mesmo, elas dizem que são cristãs, mas parecem fazer as escolhas erradas tão habitualmente que exibem poucas evidências de fruto. Produzem poucas virtudes de um fruto que se assemelha mais a uma uva-passa. É um fruto, mas está seco, murcho e não tem uma aparência bonita!

Deus quer que você floresça — que venha a florir e vicejar! Quer que você exiba viço, o fruto espiritual maduro e cresça *na graça e no conhecimento de nosso Senhor e Salvador Jesus Cristo* (2Pedro 3:18). Portanto, há outra escolha a fazer: Você quer de fato crescer até alcançar a maturidade espiritual? Deseja dar muitos e bons frutos? Se esse for o caso, seu crescimento espiritual exigirá de você algumas escolhas difíceis — escolhas que precisam ser feitas dia após dia e muitas vezes em um só dia. As pessoas, de alguma maneira, escolhem fazer as coisas que são importantes para elas. Assim, para você, quão importante é caminhar com Jesus? Espera-se que seja cada vez mais importante para você!

E, à medida que você se compromete a aprimorar seu caminhar com Deus e a fazer as melhores escolhas, opte pela abordagem orientada pelo Espírito — a das escolhas feitas em oração e de forma calculada, deliberada e cuidadosa enquanto você percorre sua estrada ao longo da vida.

Um pé em frente do outro
Um passo de cada vez
Um pensamento de cada vez
Uma sentença de cada vez
Uma resposta de cada vez
Uma decisão de cada vez
Um minuto de cada vez
Um dia de cada vez
... pela vida toda
E, quando falhar, pare!
Admita o erro, confesse-o, peça perdão por ele e
Siga em frente.

As diretrizes de Deus para você fazer as escolhas certas... sobre como ter uma vida mais parecida com a vida de Jesus

As diretrizes apresentadas a seguir ajudarão você a caminhar ao longo de seu dia, confiante de que está buscando fazer as escolhas certas.

- Escolha ficar próxima de Cristo. *Eu sou a videira; vós sois os ramos. Quem permanece em mim e eu nele, esse dá muito fruto; porque sem mim nada podeis fazer* (João 15:5).

- Escolha passar tempo com a Palavra de Deus. *Como amo tua lei! Ela é minha meditação o dia todo. Teu mandamento me faz mais sábio do que meus inimigos, pois está sempre comigo* (Salmos 119:97,98).

- Escolha passar tempo em oração. *A oração de um justo é poderosa e eficaz* (Tiago 5:16, NVI).

- Escolha obedecer às ordens de Deus. *Se obedecerdes aos meus mandamentos, permanecereis no meu amor; do mesmo modo que eu tenho obedecido aos mandamentos de meu Pai e permaneço no seu amor* (João 15:10).

- Escolha lidar com o pecado. *Se confessarmos os nossos pecados, ele é fiel e justo para nos perdoar os pecados e nos purificar de toda injustiça* (1João 1:9).

capítulo **sete**

TIRANDO O MELHOR PROVEITO DE SEU TEMPO

> Portanto, estai atentos para que o vosso procedimento não seja de tolos, mas de sábios, aproveitando bem cada oportunidade, porque os dias são maus.
> — Efésios 5:15,16

Como o tempo voa! Pelo menos, é o que parece. Em minha mente, faz pouquíssimo tempo que eu estava lutando para redigir o manuscrito de meu primeiro livro. Sim, escrevi literalmente cada uma das palavras à mão. Ainda me lembro de ir à papelaria local e comprar doze blocos de papel ofício. Eu usava caneta e lápis enquanto escrevia, editava, cortava (com tesouras) e colava (com fita adesiva), reescrevia e reeditava mais uma vez. Minha pilha de revisões com manchas de café e lágrimas de frustração chegavam à altura de Freya, o gato enorme de nosso vizinho!

E agora, enquanto observo a data nos direitos autorais de meu primeiro livro, *Amando a Deus de todo o seu entendimento*, percebo que, apesar de ter sido uma provação, o tempo acabou passando rapidamente. O passar do tempo é como o fluir permanente e constante de um grande rio. Ele emana de forma gentil, mas ainda assim persistente. E um dia você acorda e diz: "Não acredito que já faz quinze anos!". Mas ali está a data, impressa, preto no branco.

Para onde o tempo foi?

A REALIDADE DO TEMPO

Você pensa muito sobre o tempo? As 24 horas, os 1.440 minutos de cada um e de todos os nossos dias? Quando eu era adolescente, o tempo só fazia sentido no que se referia ao último dia de aula do ano, ao primeiro dia de aula e, depois, à festa de fim de ano — e é claro, ao tempo que faltava para tirar habilitação de motorista! Durante aqueles dias de juventude, parecia que o tempo não andava rápido o suficiente para o próximo evento importante em minha vida pré-adulta. O tempo parecia não passar enquanto eu esperava ansiosa o grande evento por vir! Tudo o que eu tinha a fazer era suportar cada dia... e esperar.

Tenho certeza de que você já ouviu a expressão: "Tenha cuidado com o que você deseja; talvez consiga exatamente isso". Bem, todo aquele tempo que eu, como adolescente, desejava que passasse logo, acabou por acelerar-se de tal forma a ponto de distorcer a velocidade. O tempo agora passa voando e tão rapidamente que me sinto sem fôlego, contorcendo-me para dar conta de tudo o que acontece ao redor.

Agora, obviamente, toda essa conversa sobre o tempo andando devagar ou acelerando refere-se apenas à minha percepção. No entanto, acho que você sabe exatamente o que quero dizer e também já deve ter experimentado essa sensação.

Portanto, para termos uma melhor compreensão do tempo, eis alguns pontos que percebi ao longo dos anos:

- O tempo, para toda e qualquer pessoa, é repartido igualmente a cada dia.

- O tempo jamais pode ser armazenado para uso futuro.
- O tempo ocorre apenas uma vez e depois desaparece para sempre.
- O tempo para cada pessoa é limitado a seu período de vida.
- O tempo não para.
- O tempo é algo de que sempre temos carência.
- O tempo, quando administrado apropriadamente, produz resultados relevantes.
- O tempo é uma mercadoria que pode ser remida ou desperdiçada.

REMINDO O TEMPO

O tempo é uma mercadoria perecível. E você tem apenas duas escolhas com relação ao tempo: você pode deixá-lo escapar pelos vãos dos dedos, desperdiçando-o ou (usando minha expressão favorita) "matando-o", ou pode escolher a opção da Bíblia: você pode remi-lo. A ideia de remir o tempo encontra-se em Efésios 5:15,16. *Portanto, estai atentos para que o vosso procedimento não seja de tolos, mas de sábios, aproveitando bem cada oportunidade, porque os dias são maus*, ou como na versão da ARA: *vede prudentemente como andais, não como néscios, e sim como sábios.*

Caríssima leitora, nesses breves versículos, somos expostos à sabedoria capaz de nos ajudar a usar o tempo com o melhor propósito e o maior impacto. O apóstolo Paulo escreveu treze livros do Novo Testamento, fez três longas viagens missionárias para estabelecer numerosas igrejas e pregou a um sem-número de pessoas — e realizou tudo isso após ter chegado à meia-idade. Como ele fez isso? Observe seguir as recomendações do apóstolo em relação ao tempo.

Guarde seu caminhar. Paulo alerta os cristãos: *que o vosso procedimento não seja de tolos, mas de sábios.* Ou seja, o segredo para tirar o melhor proveito de cada dia é preparar-se para considerar a melhor e mais sábia maneira de administrar cada situação; é pensar de forma inteligente sobre cada um dos seus dias, sobre que decisões você deve tomar e depois desenvolver um plano. Esse tipo de preparação ajudará você a conduzir suas escolhas ao longo de seu dia e a capacitará a usar seu tempo para resultados profícuos.

Mude sua atitude. Paulo nos instrui a não agirmos como *tolos*. Uma mulher tola age impulsivamente atacando várias frentes de uma só vez. Ela não tem planos. Não pondera sobre como Deus quer que ela viva sua vontade divina a cada dia. Portanto, ela não tira o melhor proveito de seu tempo. Ao contrário, ela o desperdiça e tem pouca coisa de valor para mostrar ao final do dia.

Essa é a razão pela qual é uma boa ideia orar todas as manhãs. "Senhor, não quero agir como uma tola hoje. Ajude-me a me lembrar durante o dia de hoje quão importante é meu tempo."

Abrace seu objetivo. Existem questões pelas quais temos de orar a fim de que Deus as revele para nós. Mas esse não é o caso quando se trata de usar seu tempo e seu dia. O Senhor lhe diz o que fazer. Você deve *remir o tempo*. Como? Você redime o tempo quando determina cuidadosamente qual é o desejo de Deus para sua vida. À medida que estuda, ora e busca conselho, você se torna sábia e adquire entendimento. Cresce em sabedoria. À medida que obedece à vontade do Senhor, você redime ou "compra todas as oportunidades", e assim não perde tempo, energia, dinheiro nem talento em nada que seja contrário à vontade do Senhor.

Conheça a razão para fazê-lo. Deus supre até mesmo a razão para remir ou redimir seu tempo. Ele diz que é necessário fazer isso porque *os dias são maus* (Efésios 5:16). Você deve andar com sabedoria e com cuidado por causa dos dias maus em que vivemos. Muitas pessoas vivem em pecado, e o tempo é curto. Portanto, Deus quer que você faça pleno uso de seu tempo para servir o maior número de pessoas possível e para alertar muitas outras. Quando você usa seu tempo de forma equivocada, esse tempo jamais é recuperado; aqueles minutos dourados com suas oportunidades de ouro se perdem para sempre. Deus admoesta você a orar: "Ó Senhor! Por favor, ajuda-me a usar meu tempo de forma sábia — só por hoje". E então faça essa oração novamente *todos* os dias!

CONTANDO SEUS DIAS

Realmente amo o primeiro dia do ano. Na realidade, gosto mais do ano-novo do que do meu aniversário! Fico feito louca organizando minhas agendas e calendários (isso mesmo, no plural) para o novo ano que se inicia. Há várias décadas uso o *Planner Pad®* [Bloco de Planejamento]. Também tenho dois (isso mesmo, dois) calendários de 60 cm x 91 cm para 24 meses, e eles ficam onde meu marido e eu denominamos "o quarto da guerra". E, é claro, também tenho blocos com folhas adesivas — de todos os tamanhos, cores e formatos — para fazer anotações, e os utilizo com generosidade, colando-os em *todos* os lugares!

Que tipo de agenda (ou agendas) você usa? Jim é especialista em agendas *on-line*. E instalou o aplicativo de notas adesivas em seu computador para ter mais um recurso. Minhas filhas são geniais no que diz respeito ao uso dos celulares — completos com o soar de alarmes e lembretes pré-agendados — para orientá-las em seus dias extremamente agitados.

Ah, onde estaríamos sem nossas agendas e calendários?

Mas... será que já ouviu falar de calendário retroativo? É um calendário que retrata a contagem dos dias de sua vida. No Salmo 90, o salmista sugere uma data final geral para seu calendário retroativo: *Os anos da nossa vida chegam a setenta, ou, para os que têm mais vigor, a oitenta ...* (Salmos 90:10). De acordo com esses números, se você tiver 30 anos, talvez tenha quarenta ou cinquenta anos a mais de vida (ou de 14.600 a 18.250 dias). Ou, se tiver 50 anos, então deve estimar que tenha de vinte a trinta anos a mais de vida (ou de 7.300 a 10.950 dias).

O salmista prossegue salientando que os dias passam *rapidamente, e nós voamos* (Salmos 90:10). Em outras palavras, a vida de uma pessoa não passa de um breve momento no tempo. E qual é a solução? *Ensina-nos a contar nossos dias para que alcancemos um coração sábio* (Salmos 90:12).

ORGANIZANDO-SE

Que chamado para despertar! Deus a chama para parar de pensar: *Ei, ainda tenho muito tempo para conseguir meus sonhos e objetivos. Certo?*

Na verdade, não. Essa é a conclusão errada. Seu tempo está nas mãos de Deus. Você não faz a menor ideia de qual será seu último dia aqui na terra. Nesse ínterim, seus dias voam. Aceleram rapidamente como a bola de neve proverbial que ganha força enquanto rola ladeira abaixo!

Portanto, com esse choque de realidade, o que você pode fazer sobre as escolhas relacionadas ao uso de seu tempo e de seus dias e ao foco de sua vida? Espero que você se junte a mim para que arregacemos as mangas e determinemos o que fazer a fim de que os anos que nos restam verdadeiramente contem para Cristo.

E que tal começar com alguns consertos? Você pode começar refreando algumas práticas e hábitos que obstruem seus melhores esforços para Cristo. Que escolhas você pode fazer para impedir que seus preciosos minutos sejam roubados? Que escolhas deve fazer para garantir que continue caminhando em direção ao plano e aos propósitos de Deus para você e para os seus dias? Para ajudar você a começar, considere os pontos a seguir:

Escolha fazer isso agora

A maioria das pessoas é formada de procrastinadoras profissionais. Elas sabem que devem tomar uma decisão, confrontar uma questão ou concluir uma tarefa. No entanto, pelo fato de isso ser desagradável, consumir tempo ou exigir muitíssimo esforço, escolhem adiar até o final do dia — e, em razão disso, alguma coisa vital deixa de ser feita. E assim se vai mais um dia, dia esse que em sua contagem no calendário não poderia desperdiçar.

A solução que me ajudou enormemente foi dizer a mim mesma: "Faça isso; e faça isso agora". Na realidade, ao longo de cada dia, digo a mim mesma: "Elizabeth, vá até lá e faça isso — faça qualquer coisa com isso, faça mal feito, faça vagarosamente. Mas faça!".

Eis outra dica que pode ser útil. Pergunte a si mesmo: "O que de pior pode acontecer se eu fizer isso, a ponto de eu ficar apavorada só de pensar a respeito?". Depois, faça-se a mesma pergunta, mas em sentido contrário: "O que de pior pode acontecer se eu não fizer isso, a ponto de eu ficar apavorada só de pensar a respeito?".

Na maioria dos casos, como você sabe muito bem, a ausência dessa temida tarefa provavelmente criaria uma barreira enorme para você seguir em frente — uma barreira criada a cada momento de atraso, a qual poderia muito bem ser ultrapassada se você tivesse escolhido agir e fazer o que deveria ser feito!

Escolha preparar uma agenda ou cronograma

Você provavelmente já me viu dizer isso neste livro: se você não planejar seu dia, outra pessoa o fará por você. Portanto, quem você quer que planeje seus dias preciosos e insubstituíveis? Você é quem conhece a importância de seus dias. Portanto, por que deixar que outra pessoa — alguém que não faz a menor ideia sobre seus objetivos ou sobre as prioridades e desejos que lhe foram dados por Deus — planeje até mesmo um curto período de 24 horas de sua vida? *Este* — hoje — é o dia, o dia efêmero, que o Senhor lhe deu para servi-lo e viver para ele. Isso é tudo o que você tem para viver o plano divino de Deus... até amanhã. Portanto, faça outra importantíssima escolha certa — planeje seu dia, e planeje-o bem cedinho!

Escolha administrar seu tempo com as pessoas

Deus nos criou como seres sociais. Nós, as mulheres, amamos as pessoas e amamos passar tempo com elas. E isso é normal. No entanto, passar muito tempo com as pessoas pode impedi-la de alcançar seus objetivos de servir a Deus e fazer a obra do Senhor.

Existem, é claro, as pessoas prioritárias em sua vida — principalmente sua família. Esses entes queridos precisam receber tanto tempo quanto possível. No entanto, escolha buscar a sabedoria de Deus quando se trata de outras pessoas que atravessam seu caminho durante o dia. Algumas delas precisam de sua mão amiga — e Deus quer que você a ofereça a quem necessitar. Outras pessoas, no entanto, podem usar você para adiar alguma tarefa ou livrar-se de alguma responsabilidade, e elas adorariam contar com você nessas pobres escolhas que fazem para seu dia.

Amo estar com as pessoas por qualquer motivo que seja. No entanto, tive de estabelecer alguns parâmetros nesse quesito. Um dos mais difíceis foi reconhecer que, por ser escritora e trabalhar em casa, isso não quer dizer que estou sempre disponível. Trato meus dias como se estivesse empregada em uma empresa, iniciando às 9 horas da manhã e terminando às 17 horas. Agendo todos os meus compromissos para depois das 17 horas, sempre que possível.

E outro "alerta de intrusão" que tento identificar é: "Ei, que tal sairmos para almoçar juntas hoje... fazer algumas compras... e depois que tal um cafezinho?". O que tento fazer é gastar alguns minutos para pôr em dia os assuntos ou bater um papinho, em vez de me encontrar pessoalmente com a pessoa quando não existe de fato nenhuma questão ou problema a ser resolvido. E, se houver alguma questão ou problema, aceito o convite e procuro marcar o encontro em um horário que considere minha agenda de trabalho diária.

É difícil! Sempre é difícil. É fácil sentir culpa por dizer não. Pior que isso, eu posso me sentir prejudicada por não estar aproveitando algo de que as outras pessoas estão desfrutando. Contudo, devo considerar que, se estivesse em um escritório trabalhando para um empregador, ninguém jamais me telefonaria para um encontro espontâneo, e todos entenderiam a situação!

Eis a solução para nós. Aprenda, em cada encontro, a pedir a sabedoria de Deus. Pergunte a ele quanto tempo você deve gastar com cada pessoa, se é que deve gastar algum. Peça a ele para lhe dizer qual é a necessidade do momento e depois siga a orientação do Senhor. Peça-lhe para ajudá-la a avaliar os compromissos e as responsabilidades de seu dia. Pergunte-lhe se a última interrupção faz parte do plano divino ou é algo que descarrilará seu plano de oração para esse dia e para tudo o que precisa fazer acontecer nesse período.

Escolha multiplicar suas atividades

Como você faz isso? Em duas palavras. A primeira é *delegar*. Obviamente, não é possível *delegar* algo para uma criança de 2 anos de idade, mas, à medida que as crianças crescem, comece a transferir algumas tarefas domésticas para elas, transformando a administração de sua casa em um trabalho de equipe. Se o grupo de mulheres lhe pedir para dirigir uma equipe ou participar de um ministério na igreja, ore primeiro para saber quem poderia lhe ajudar com essa responsabilidade. Tente encontrar outras pessoas que possam ajudá-la nessa atividade. Tente encontrar outras pessoas que podem ajudá-la a carregar o fardo junto com você. Com a ajuda de outros, a tarefa é realizada de forma mais rápida, os outros aprendem novas habilidades, e você consegue remir parte de seu tempo.

Duplicar as atividades é a segunda maneira de você se multiplicar. Você se multiplica ao fazer duas coisas de uma só vez, como, por exemplo, pegar as roupas na lavanderia no caminho para o supermercado. Ou parar no supermercado depois de pegar as crianças na escola. Isso faz que duas tarefas consumam o tempo de uma — ou seja, você faz duas coisas de uma vez só. E, enquanto você está no supermercado, pode pedir para as crianças caminharem nos corredores com você e pegarem os itens de sua lista de compras. Ao fazer isso, você também as ensina a fazer as compras, à espera daquele dia abençoado em que elas mesmas poderão fazer as compras quando estiverem voltando da escola. Portanto, delegue e duplique. Essas são duas maneiras maravilhosas de remir parte de seu tempo.

Escolha delimitar o tempo que você passa no computador

O computador é uma ferramenta maravilhosa. Nele você pode fazer pesquisas e encontrar praticamente qualquer coisa! Contudo, infelizmente, muitas mulheres se tornaram dependentes desse equipamento. Com as mídias sociais, como o *Facebook* e o *Twitter*, muitas mulheres gastam mais tempo do que deveriam conversando casualmente com amigas e conhecidas, enquanto deixam de lado relacionamentos mais importantes que estão debaixo do mesmo teto. Como você está se saindo nessa área? Durante os próximos dias, anote a quantidade de tempo que você gasta surfando pela internet, usando o *Twitter* e conversando no *Facebook*. Talvez você fique surpresa ao descobrir quantas horas passa em seu computador enquanto obrigações mais urgentes e mais importantes permanecem à sua espera.

Escolha limitar o tempo que você gasta ao telefone

Os telefonemas, assim como o computador, podem facilmente consumir mais tempo do que gostaríamos. Conversamos ao celular enquanto caminhamos, comemos, trabalhamos e até mesmo dirigimos (mesmo quando a lei nos proíbe de fazer isso!). Bem, conversar no celular representa fazer bom uso de seu tempo enquanto você espera em uma fila ou aguarda pela troca do óleo de seu carro. No entanto, como o celular é *muitíssimo* conveniente, é fácil deixar que as conversas por celular se transformem em uma segunda natureza, a ponto de você nem perceber quanto tempo gasta com ele.

É preciso tomar cuidado para que o celular ou o telefone não se transformem em um instrumento para que a conversa sem objetivo não se transforme em fofoca maliciosa. Com o celular, é fácil as mulheres se transformarem em pessoas *ociosas, andando de casa em casa, e não somente ociosas, mas também faladeiras e irrequietas, falando o que não convém* (1Timóteo 5:13).

Em vez de permitir que o telefone se transforme em seu dono, você é quem precisa ser dona de seu telefone. Use-o para negociações, contatos com os familiares e conexões verdadeiramente importantes, como, por exemplo, chamadas referentes ao ministério. Além disso, exercite a cautela e tenha consciência do poder destrutivo desse pequeno aparelho que com frequência está conectado à sua orelha.

Escolha seu material de leitura com muito cuidado

Material questionável pode incluir o jornal diário, *e-mails* que não passam de refugo, revistas, romances, novelas e conteúdos que você encontra na internet. Seja cuidadosa para que essas formas secundárias de leitura não lhe roubem o tempo dedicado a praticar o bem, o melhor e o eterno. Coloque essas atividades em seu devido lugar — e isso pode incluir a lata de lixo! Discipline-se para não gastar mais tempo na literatura secular do que gasta nas buscas espirituais com valor eterno, como a leitura de sua Bíblia, a memorização das Escrituras e a oração. Susanna Wesley, mãe de John Wesley, transmite-nos um conselho semelhante:

Direi a vocês que regra eu observava [...] quando era jovem e muito apegada às distrações pueris: nunca gaste mais tempo em mera recreação em um dia do que gasta em devoções religiosas pessoais.[1]

Escolha as prioridades certas

Ninguém pode discordar da quantidade de atividades que mantém você ocupada. Basta observar seu cronograma de atividades. Você anda correndo de um lado para o outro? *Ocupada* é seu apelido. No entanto, estar muito ocupada não é sinal de eficácia. Atividade não é sinônimo de produtividade.

Se você se ocupar escolhendo as atividades erradas, estará roubando de si mesma o tempo que seria mais bem aproveitado em coisas realmente importantes — as prioridades que nos foram dadas por Deus. Essa é a razão pela qual é fundamental separar algum tempo todos os dias para pensar no que é necessário fazer para remir o tempo e contar seus dias.

Se for para me sentir culpada por desperdiçar meu tempo, que seja aproveitando um dia de sol na praia, em vez de gastá-lo em buscas de pouquíssimo valor — se é que têm algum valor — eterno. Escolher suas prioridades é uma importante escolha. Portanto, gastaremos mais tempo examinando isso a seguir.

O valor do tempo

> O tempo parece ser um tema estranho quando consideramos fazer as escolhas certas, não é mesmo? No entanto, assim que você perceber quanto um momento de seu tempo é frágil, além de insubstituível, talvez considere que valha a pena gastar algum tempo discutindo-o. Ah, como oro para que você agora faça uma avaliação melhor do valor do tempo! O poema a seguir diz tudo:
>
> Tenho apenas um minuto,
> Há nele apenas sessenta segundos...
> Apenas um breve minuto,
> Mas nele está contida a eternidade inteira.

As diretrizes de Deus para você fazer as escolhas certas... sobre valorizar seu tempo

As diretrizes apresentadas a seguir ajudarão você a caminhar ao longo de seu dia, confiante de que está buscando fazer as escolhas certas.

- Lembre-se da natureza frágil da vida — *Ó Senhor, mostra-me meu destino e quantos dias viverei, para que eu saiba como sou frágil* (Salmos 39:4).

- Concentre-se em suas prioridades — *Irmãos, não penso que eu mesmo já o tenha alcançado; mas faço o seguinte: esquecendo-me das coisas que ficaram para trás e avançando para as que estão adiante, prossigo para o alvo, pelo prêmio do chamado celestial de Deus em Cristo Jesus* (Filipenses 3:13,14).

- Relaxe no tempo de Deus — *Tudo tem uma ocasião certa, e há um tempo certo para todo propósito debaixo do céu* (Eclesiastes 3:1).

- Organize seu tempo — *Mas tudo deve ser feito com decência e ordem* (1Coríntios 14:40).

- Tire o melhor proveito de seu tempo — *Levanta-se de madrugada e alimenta sua família; distribui tarefas às suas servas* (Provérbios 31:15).

capítulo **oito**

ACABANDO COM SEU HÁBITO DE SE PREOCUPAR

> Não andeis ansiosos por coisa alguma.
> — Filipenses 4:6

Este é um momento de confissão. Sou uma pessoa que se preocupa de forma exagerada há muito tempo. Na realidade, quando jovem, eu poderia facilmente ter sido eleita presidente da Sociedade Internacional das Pessoas Exageradamente Preocupadas. Seria fácil me localizar em meio a uma multidão. Eu era a pessoa com as unhas roídas até o toco. Aquela com a testa sempre franzida. Aquela segurando um pacote de balas e colocando-as na boca de maneira constante e regular. Você consegue visualizar essa imagem? Tenho algumas histórias muito tristes daquela época em que eu era uma pessoa sempre preocupada com ninharias. Parte do problema é que minha personalidade é tipo A, cujos traços característicos são a impulsividade e a impaciência. Não digo isso como uma desculpa — isso só representa outra parte de minha confissão.

É fácil encontrar coisas com as quais nos preocupar. Quando eu via alguém realizando uma tarefa ou trabalho, achava sempre que, se fosse feito do meu jeito, seria feito da forma "correta". Eu me preocupava com coisas que não eram de minha alçada. Estava o tempo todo preocupada, e minha mente em geral entrava em parafuso até cair em um buraco negro. Eu conseguia pensar em todas as calamidades que poderiam acontecer com minhas filhas — incluindo até meus futuros netos ainda não nascidos! Isso se torna tóxico quando combinado à descrença, e minha vida estava realmente um caos!

Agora sei que naquela época eu estava apenas agindo conforme o estilo de vida de qualquer pessoa não cristã. Eu tinha, pelo menos, uma desculpa, pois não conhecia Jesus Cristo. Depois, quando me tornei uma nova criatura, uma nova pessoa, e filha do Senhor, eu tinha sua Palavra para me aconselhar: *Não andeis ansiosos por coisa alguma* (Filipenses 4:6).

A preocupação é um péssimo hábito. Embora a exortação de Jesus seja para não nos preocuparmos, é difícil agir de forma despreocupada. Isso é especialmente verdadeiro no meu caso, já que no passado fui alguém que se preocupava demais, uma especialista no assunto. Contudo, louvado seja o Senhor, agora sou uma "preocupada em recuperação", graças à orientação de seu Espírito. Em meio a tudo isso, aprendi algumas verdades chocantes sobre esse hábito.

A VERDADE SOBRE A PREOCUPAÇÃO

A *preocupação* é algo que amamos praticar — ou pelo menos isso é verdade para a maioria das mulheres que conheço! E as coisas com as quais nos preocupamos são tão variadas quanto as questões e as pessoas em nossa vida, para não mencionar nossa imaginação superativa! O que quer que esteja em nossa mente pode ser a faísca que desencadeia um ataque de preocupação.

Mas espere aí. Estou indo depressa demais. O que exatamente a palavra "preocupação" quer dizer? Quando aprendi que a Palavra de Deus me instruía a *não* me preocupar, decidi que deveria descobrir por que esse cuidado é expresso com tanta veemência: *Não andeis ansiosos por coisa alguma*. Portanto, pesquisei um bom número de dicionários e encontrei as seguintes definições para o verbo pronominal preocupar-se:

- Sentir-se desconfortável e perturbada.
- Ser sobrepujada por uma preocupação importuna e irritante.
- Ser assolada pelas dúvidas.
- No sentido bíblico, *preocupar-se* significa ser tomada por uma distração pecaminosa e deliberada que distancia uma pessoa da confiança em Deus. (Isso é preocupante!)
- No sentido pessoal, o termo quer dizer que você sente uma ansiedade que precisa depositar aos pés do Senhor. (Isso é reconfortante!)

À medida que eu pensava na preocupação e em algumas das implicações para as quais essas definições apontam, comecei a perceber por que não deveria me preocupar. Por exemplo...

- A preocupação é uma reação a algo que está acontecendo na vida de alguém.
- A preocupação é uma condição produzida quando não vemos nenhuma solução para nosso problema ou situação.
- A preocupação é uma atividade gerada pelo que parecem ser opções limitadas.
- A preocupação é uma ação que não tem fundamento legítimo.
- A preocupação é uma condição que afeta todos.
- A preocupação é uma reação que não produz resultados positivos.
- A preocupação só é positiva quando a situação se refere a algum pecado.
- A preocupação é um pecado que nega o poder de Deus.

ACABANDO COM O HÁBITO DE SE PREOCUPAR... DEFINITIVAMENTE!

Só o fato de examinar essas definições me levaram a perceber que qualquer desafio da vida pode nos fazer ficar preocupadas. No entanto, para a maioria de nossos problemas, uma solução imediata é reconhecer que você e eu não estamos sozinhas. Mas espere um pouco aí — você amará o que vem a seguir!

Deus está sempre presente a seu lado. A morte de seu Filho proveu salvação para nossos pecados, e agora você é filha do Senhor. Deus toma conta de você e jamais a abandonará. Essas são promessas garantidas e totalmente confiáveis... Portanto, por que se preocupar?

Mesmo tendo a garantia da presença de Deus em nossa vida, você concordará que a preocupação ainda precisa ser tratada — e conquistada e obliterada. Como a preocupação é uma afronta a Deus e é contraproducente para você como pessoa, você não acha que as pessoas cristãs deveriam banir para sempre esse hábito de sua vida? Afinal, o cuidado de Deus por nós é constante. Ele é o Bom Pastor que nos garante que não nos faltará nada do que realmente precisamos (Salmos 23:1). E dispomos de inúmeras promessas nas quais o Senhor assegura que tomará conta de cada faceta de nossa vida.

Apesar disso, infelizmente a maioria das pessoas cristãs (incluindo eu mesma) tem sérios e frequentes ataques de preocupação. Existem muitas oportunidades para ligarmos a máquina da preocupação!

Portanto, como uma mulher que quer *a paz de Deus, que ultrapassa todo entendimento* (Filipenses 4:7) pode acabar com o hábito de se preocupar e escolher não ser ansiosa?

Por ser uma mulher que se preocupava demais, sofri uma úlcera com sangramento, colite e erupção cutânea nervosa nos dois braços até a altura do cotovelo. Isso mesmo, procurei médicos e tomei remédios. Houve uma melhora. No entanto, os médicos, os remédios e as compressas não conseguiam acabar com o hábito de me preocupar.

Portanto, voltei-me para Deus. Leio a Bíblia e oro pedindo a ajuda de Deus com meu problema de preocupação excessiva. De repente, notei que havia muitas e muitas ordens para que eu não me preocupasse! Agarrei-me a dois versículos de minha lista de passagens "não se preocupe". Comecei a lançar mão deles assim que sentia a queimação no estômago ou quando me surpreendia preocupada imaginando cenários sombrios.

Fico empolgada em compartilhar esses versículos com você. Sei que eles a ajudarão tanto quanto me ajudaram. Ore comigo e comece a fazer de forma deliberada a escolha de não se preocupar.

"NÃO SE PREOCUPEM" (NVI)

O primeiro versículo é Mateus 6:25. Quando você o lê, não pode deixar de reconhecer que nosso Senhor tem uma ordem — não um conselho, nem uma dica financeira, tampouco uma sugestão para pensarmos a respeito, mas uma instrução clara para nós. Jesus nos disse o seguinte:

> *Portanto eu lhes digo: Não se preocupem com sua própria vida, quanto ao que comer ou beber; nem com seu próprio corpo, quanto ao que vestir. Não é a vida mais importante que a comida, e o corpo mais importante que a roupa?* (Mateus 6:24, NVI).

Aqui Jesus ensina seus discípulos e todos aqueles que se reúnem para ouvir os ensinamentos do Sermão do Monte. Nesse sermão, ele afirmou uma verdade sobre a vida: *Ninguém pode servir a dois senhores* [...]. *Não podeis servir a Deus e às riquezas* (Mateus 6:24).

E qual foi sua afirmação seguinte? Ela começa com uma ordem de três palavras: *Não se preocupem* (NVI). Observe a força dessas palavras de Jesus, simples mas ainda assim diretas:

> *Não fiqueis ansiosos quanto à vossa vida* (A21).
> *Não andeis cuidadosos quanto à vossa vida* (ARC).
> *Não se preocupem com a comida e com a bebida que precisam para viver* (NTLH).

Você e eu temos um problema: preocupar-se com alguma coisa é desobedecer à ordem expressa do Senhor. Para mim e muitas outras pessoas, essa deve ser uma das ordens mais difíceis de obedecer. Ainda assim, Jesus explica a razão pela qual não devemos nos preocupar:

Pois os gentios é que procuram todas essas coisas. E, de fato, vosso Pai celestial sabe que precisais de tudo isso. Mas buscai primeiro o seu reino e a sua justiça, e todas essas coisas vos serão acrescentadas (Mateus 6:32,33).

A preocupação de uma pessoa cristã equivale à falta de fé na habilidade de Deus para prover a todas as suas necessidades. É de fato uma escolha em crer que Deus não tem seu melhor interesse em mente. E essas duas possibilidades expressam dúvida em relação à Palavra de Deus e, por fim, ao próprio Senhor. Essa é uma posição claramente contraditória para um cristão, aquele que já experimentou a salvação de Deus, a quem Deus já disse claramente que o adotaria como filho e a quem Deus prometeu em sua Palavra que participaria de seu Reino (Mateus 6:33).

Essa verdade transforma o Sermão do Monte em algo muito prático. Não podemos buscar simultaneamente a glória de Deus *e* nossa segurança ou conforto sem sermos infiéis ao Senhor. Jesus nos amou a ponto de morrer por nós e ele quer que glorifiquemos seu Pai. O teste da verdade é: Você acredita ou não na promessa de que Deus cuidará de você?

A mensagem de Jesus é claríssima. Não podemos deixá-la passar em brancas nuvens nem interpretá-la de forma equivocada. Ela é direta e foi entregue em três palavras simples e bem compreensíveis: *Não se preocupem* (NVI). Os seguidores de Jesus estavam ansiosos e abertamente preocupados com relação às necessidades básicas da vida diária. Preocupavam-se com os alimentos e as vestes. E isso de tal maneira que estavam perdendo o foco em Deus, em dedicar-se 100% às prioridades de seu Reino. O serviço deles para Deus (cujo valor é eterno) estava sendo diluído e corria risco graças à obsessão deles com as necessidades básicas do cotidiano (cuja natureza é temporal e terrena).

Cara leitora, isso é um fato: o temor e a preocupação imobilizarão você em seu trabalho no Reino. Acabarão por distrair você de sua adoração e amor a Deus. Seu serviço a Deus e a seu povo — sem mencionar, é claro, sua paz e alegria — se tornam mais difíceis e mais cheios de obstáculos quando você se preocupa e falha em confiar no Senhor.

Isso transforma a preocupação em um hábito muito sério e perigoso, você não acha?

"NÃO ANDEIS ANSIOSOS"

A segunda passagem das Escrituras para a qual aprendi a me voltar sempre que me preocupava com algo era Filipenses 4:6,7:

> *Não andeis ansiosos por coisa alguma; pelo contrário, sejam os vossos pedidos plenamente conhecidos diante de Deus por meio de oração e súplica com ações de graças; e a paz de Deus, que ultrapassa todo entendimento, guardará o vosso coração e os vossos pensamentos em Cristo Jesus.*

- **Observe a ordem:** *Não andeis ansiosos.* Outra versão traduz esse versículo da seguinte forma: *Não andeis cuidadosos de coisa alguma* (TB). A palavra usada no original grego, traduzida aqui por *ansiosos* ou *inquietos* (ARC), descreve a situação em que alguém é puxado para direções distintas. A forma como o apóstolo Paulo empregou a frase *Não andeis ansiosos* aponta para uma prática que acontecia habitualmente. É evidente que para seus leitores a preocupação era uma rotina.

- **A seguir vem a cura:** *... sejam os vossos pedidos plenamente conhecidos diante de Deus por meio de oração e súplica com ações de graças.* Qual é a cura para a preocupação? Acreditar na oração. O apóstolo Paulo fornece detalhes específicos sobre como a oração deve ser usada para silenciar a preocupação. Observe quatro palavras distintas que ele usa em referência à oração:

Os *pedidos* — enfatiza pedidos específicos, e não generalidades.
A *oração* — refere-se à adoração dirigida a Deus como um ato de
    devoção.
A *súplica* — origina-se de um termo que significa pedir humildemente pelas necessidades pessoais de alguém.
As *ações de graças* — refere-se à expressão de apreço e gratidão.

- **O recipiente:** ... *sejam os vossos pedidos plenamente conhecidos diante de Deus.* A preposição *diante* sugere a ideia de estar na presença de Deus. Aquele que ora precisa compreender que Deus está sempre presente. Portanto, a preocupação é inapropriada, e os pedidos livres de preocupação são sempre bem-vindos.

- **A consequência:** ... *e a paz de Deus, que ultrapassa todo entendimento, guardará o vosso coração e os vossos pensamentos em Cristo Jesus* (v. 7). Uau! Por fim! Agora podemos exultar. A paz é nossa. Quando você é fiel na oração e lança aos pés de Jesus seus cuidados, ansiedade ou inquietação, ele lhe provê a paz. A paz do Senhor é poderosa como a sentinela que guarda e patrulha a porta de entrada de seu coração. Essa paz não significa ausência de tribulações em sua vida. Significa experimentar a confiança calma em seu espírito, independentemente das circunstâncias, pessoas ou eventos difíceis que você enfrenta.

A ÚNICA EXCEÇÃO DE DEUS

Tenho certeza de que você já ouviu a seguinte afirmação: "Toda regra tem exceções". Bem, esta é a exceção à ordem de Jesus e de Paulo para que você não se preocupe: você deve se preocupar com a vontade de Deus. Deve sempre se preocupar em fazer as escolhas que agradam a Deus, que promovem seu Reino, que se conformam à sua vontade. Sua preocupação constante deve ser a mesma que a de Jesus ao orar no jardim: ... *não seja como eu quero, mas como tu queres* (Mateus 26:39).

Tenho certeza de que você não acorda todos os dias e pensa: *Em termos humanos, deixe-me ver quantas decisões posso tomar hoje que desonrarão Deus e serão uma afronta à sua santidade.* Ainda assim, em muitos dias, é exatamente isso o que acontece quando você não leva suas escolhas a sério e especialmente quando você não apresenta a Deus suas escolhas e tomada de decisão. A preocupação seria o motivo principal para garantir que você consulta o Senhor por intermédio da Palavra de Deus, da oração e de conselho sábio e piedoso. Se você se preocupar com a correção de sua escolha antes de fazê-la, experimentará menos remorso porque terá evitado fazer a escolha errada.

Assim, é algo bom preocupar-se com cada escolha que você está prestes a fazer. No entanto, preste bastante atenção naquelas situações em que...

- ... seus motivos são questionáveis ou nada piedosos, como o medo, a ganância, a raiva, a vontade de agradar as pessoas;
- ... parece não haver nenhuma opção;
- ... a resposta parece ser a saída mais fácil para a situação;
- ... uma resposta rápida é necessária.

FAÇA SUA PARTE

Você percebeu que não tratei dos assuntos com os quais as mulheres mais tendem a se preocupar: filhos, marido, finanças, saúde e assim por diante? Poderíamos preencher bibliotecas com nossas preocupações! Não, o problema não está em preocupações específicas, mas com nossa disposição de entregar nossa plena confiança àquele que pode nos auxiliar com nossas preocupações. Jesus mesmo disse: *Não se preocupem* (NVI). Fim de papo! Caso encerrado.

Você tem muitos motivos pelos quais agradecer ao Senhor. Para começar, Deus prometeu estar a seu lado, oferecendo-lhe provisão, conforto, força e auxílio. E também prometeu que, quando esta vida terminar, preparou um lugar para você, uma casa eterna no céu. Portanto, em vez de se preocupar com coisas que você não pode controlar, comece com aquilo que você *pode* fazer. Se tiver de se preocupar com alguma coisa, que seja com as escolhas que você anda fazendo. São escolhas certas diante dos olhos de Deus? Como você pode garantir que está se movendo na direção certa para conformar-se à vontade de Deus? O que você pode fazer?

Escolha crescer espiritualmente (2Pedro 3:18). Quanto mais você souber sobre a santidade de Deus, maior será a probabilidade de fazer as escolhas mais piedosas. Quanto você mais conhecer a provisão de Deus, menor será a probabilidade de duvidar da bondade de Deus.

Escolha passar uma esponja no passado e recomeçar em novidade de vida (1João 1:9). O pecado obscurece seu julgamento, barra o estímulo do Espírito Santo e cauteriza sua consciência. E essas são apenas algumas das consequências do pecado. Portanto, seja rápida em buscar o perdão de Deus quando você pecar. Nem por um breve momento, você não pode se dar ao luxo de permanecer no pecado e fora da vontade de Deus!

Escolha evitar as situações pecaminosas (2Timóteo 2:22). Escolha ficar distante de qualquer situação que possa levá-la a tropeçar no pecado e evite em sua rotina as pessoas que a tentam a distanciar-se das coisas de Deus. Além disso, evite lugares que possam tentá-la, como a sorveteria com milhares de sabores deliciosos ou as lojas de departamentos com roupas e complementos da moda que estão acima de suas condições financeiras.

ESCOLHA NÃO SE PREOCUPAR

Espero e oro para que você encare a preocupação pelo que ela é — um hábito pernicioso que pode e deve ser abandonado. Você consegue imaginar uma vida sem preocupações? Você não deseja a saúde e a paz de espírito que acompanham uma vida livre de preocupações?

E não anseia por dias livres de fardos pelo fato de você confiar em Deus, entregando a ele toda e qualquer preocupação a fim de que possa se concentrar na confiança no amor e na provisão do Senhor?

E você não sonha em ter energia para concentrar-se no serviço aos outros, energia que hoje é consumida por sua ansiedade e inquietação?

À medida que você, a cada dia, passa a ter o objetivo de escolher não se preocupar, pode conquistar todos esses benefícios — e muito mais — libertando-se completamente para servir a Deus e àqueles a quem você ama de todo o coração e desfrutando de verdadeira paz de espírito. Olhe para Deus dia após dia, hora após hora, minuto após minuto e escolha após escolha. O Senhor está pronto e disposto a ajudá-la a tomar a decisão importantíssima de confiar nele, em vez de se preocupar.

As diretrizes de Deus para você fazer as escolhas certas... sobre não se preocupar

As diretrizes apresentadas a seguir ajudarão você a caminhar ao longo de seu dia, confiante de que está buscando fazer as escolhas certas.

- Escolha sempre o que é correto — *Portanto, aquele que sabe que deve fazer o bem e não o faz, comete pecado* (Tiago 4:17).

- Consulte sua Bíblia antes de fazer uma escolha — *Tua palavra é lâmpada para meus pés e luz para meu caminho* (Salmos 119:105).

- Não tome nenhuma decisão sem orar previamente — *Não andeis ansiosos por coisa alguma; pelo contrário, sejam os vossos pedidos plenamente conhecidos diante de Deus por meio de oração e súplica com ações de graças* (Filipenses 4:6).

- Busque o conselho de pessoas cristãs sábias antes de tomar alguma decisão — *Onde não há conselho, os projetos se frustram, mas com muitos conselheiros eles se estabelecem* (Provérbios 15:22).

- Acredite que Deus tem em mente o melhor para você — *Se vós, sendo maus, sabeis dar boas coisas a vossos filhos, quanto mais vosso Pai, que está no céu, dará boas coisas aos que lhe pedirem!* (Mateus 7:11).

capítulo **nove**

ADMINISTRANDO SUAS AMIZADES

> Quem anda com os sábios
> será sábio, mas o companheiro
> dos tolos sofrerá aflição.
> — Provérbios 13:20

Pouco tempo atrás, o celular de meu marido por fim parou de funcionar, e nós dois nos alegramos secretamente com a oportunidade não só de conseguir um celular melhor, mas também de mudar nosso plano mensal. Devíamos ter tido uma espécie de congelamento cerebral quando escolhemos o plano de nosso antigo celular. Você não percebe quanto fala ao telefone até receber a conta no final do mês! Parece que, em muitas ocasiões, excedemos nosso limite de minutos. Eu ficava sempre horrorizada, pois, embora muitos desses minutos fossem usados para ministrar às pessoas, outros tantos eram destinados a conversas com minhas amigas — e agora eu tinha a duração em minutos bem diante de meus olhos para provar quanto tempo gastava nessas chamadas. Era um verdadeiro choque!

Bem, nem preciso dizer que passamos para um novo plano com muitos mais minutos e atendimento nacional!

A NECESSIDADE DE TER AMIGAS

Minhas amigas são importantes para mim, e tenho certeza de que as suas também são. E, minha cara amiga (pois é isso que quero ser para você), é assim que as coisas deveriam ser. Veja bem, a Bíblia diz que você e eu fomos criadas à imagem de Deus (Gênesis 1:26). Isso significa que somos parecidas com Deus de maneiras especiais. E uma dessas maneiras é que, como Deus, somos seres sociais. Isso quer dizer que...

Temos comunhão com Deus. O Senhor nos criou para termos comunhão com ele. Bem, Deus não *precisa* de nós como amigas, mas ele escolheu ser nosso amigo e ter comunhão conosco. E...

Podemos ter amizade com Jesus Cristo. Jesus, o Filho de Deus, escolheu-nos para sermos suas amigas. Ele declarou:

> *Vós sois meus amigos, se fizerdes o que vos mando. Já não vos chamo servos, pois o servo não sabe o que o seu senhor faz; mas eu vos chamo amigos, pois vos revelei tudo quanto ouvi de meu Pai* (João 15:14,15).

Compreender esse relacionamento especial que podemos desfrutar com Deus e a amizade que podemos ter com Jesus aponta para outra escolha que nós, mulheres de Deus, precisamos fazer — escolher nossas amizades terrenas de forma sábia. Como filhas do Rei e amigas de Jesus Cristo, os relacionamentos humanos são importantes. Como filhas de Deus, ocupamos um lugar de honra. Portanto, amizades impróprias ou inapropriadas desonram nosso relacionamento com o Pai celestial e com seu Filho, Jesus.

Consideremos juntas vários exemplos na Bíblia de relacionamentos saudáveis. Um deles foi entre Davi e Jônatas, no Antigo Testamento. Você pode conhecer a história completa dessa amizade em 1Samuel 18—20. Levará apenas alguns minutos para você ler os detalhes, mas eles lhe darão uma boa ideia de como a amizade entre iguais, apesar das diferenças, pode se transformar em lealdade inabalável, encorajamento constante e compromisso para a vida toda. A amizade deles era fundamentada e ancorada em Deus. Como amigos, eles se encorajavam mutuamente a fazer o que era justo e correto e o que fosse melhor para a outra pessoa.

Depois, temos o relacionamento entre duas mulheres — Isabel, muito mais velha que Maria, na época apenas uma adolescente (veja Lucas 1—2). Maria fora visitada pelo anjo Gabriel e estava grávida pelo Espírito Santo. Portanto, viajou para visitar Isabel e ser aconselhada por essa mulher mais velha. Isabel saudou Maria assim que ela entrou em sua casa.

Assim, como as duas seguiam o mesmo caminho, o das pessoas tementes a Deus, elas se encorajaram mutuamente. Ajudaram uma à outra a atravessar aquele momento difícil, mas empolgante. Aquelas duas mulheres estavam esperando a chegada de duas crianças incomuns e únicas — Jesus e João Batista.

Você é uma mulher que dificilmente fala com estranhos? Ou quem sabe você é o tipo de pessoa que consegue fazer amizades com facilidade. Ou talvez tenha uma amiga de infância ou faculdade, e vocês duas são inseparáveis. No entanto, para muitas mulheres não é fácil encontrar uma boa amiga, em especial se tiverem uma vida parecida com a de minhas duas filhas que vivem mudando de cidade.

Portanto, quer você tenha muitas amigas quer apenas algumas, estou certa de que você concordará que a amizade é uma via de mão dupla. Se você quiser uma boa amiga, tem de ser uma boa amiga. Assim...

O QUE É NECESSÁRIO PARA SER UMA BOA AMIGA?

Na Bíblia, Deus apresenta diretrizes claras sobre como ser e como escolher uma amiga. À medida que você ler esses versículos, pergunte a si mesma: *Será que sou uma boa amiga?* Observe também o que uma amiga — uma amiga de verdade — faz e o que não faz.

> *Quem perdoa a transgressão busca a amizade, mas quem traz o assunto de volta afasta os amigos íntimos* (Provérbios 17:9).

O amigo ama em todo o tempo, e na angústia nasce o irmão (Provérbios 17:17).

O homem que tem muitos amigos pode ser arruinado por eles, mas há amigo mais chegado que um irmão (Provérbios 18:24).

As feridas provocadas por um amigo são boas, mas os beijos de um inimigo são traiçoeiros (Provérbios 27:6).

Não abandones teu amigo (Provérbios 27:10).

Como se afia o ferro com outro ferro, assim o homem afia seu amigo (Provérbios 27:17).

ESCOLHENDO SER O TIPO CERTO DE AMIGA

Você não é responsável por aquilo que sua amiga faz ou não faz para você. No entanto, você é responsável pelo tipo de amiga que é para as outras pessoas. Eis algumas escolhas que você precisa fazer se quiser ser uma amiga excelente. Quando você fizer essas escolhas, mulheres — os tipos certos de mulheres — baterão à sua porta querendo ser suas amigas!

Escolha crescer em intimidade com o Senhor. Se você deseja crescer em sua vida espiritual e conhecer Deus mais intimamente, só aceitará uma amiga que também compartilhe sua paixão por Deus. Você buscará em todos os cantos uma mulher que seja sua irmã gêmea no que diz respeito a amar o Senhor. E onde você encontrará esse tipo de pessoa que compartilha sua paixão por Jesus? Em geral na igreja, em algum estudo bíblico para mulheres ou em um grupo de oração.

Escolha ser você mesma. Não há necessidade para impressionar as outras pessoas ao dizer e fazer coisas que não são verdades para você. Você busca uma amizade verdadeira, e não falsa — então não seja falsa. Se quiser crescer espiritualmente, escolha ser o que Deus deseja que você seja — uma mulher temente a Deus. Talvez você não se torne a mulher mais popular, mas será o que Deus quer que você seja — genuína. Além disso, se você se sentir confortáveis com quem é, as outras pessoas se sentirão confortável a seu lado. Mesmo que não tenham a mesma crença que você tem, elas a respeitarão pela verdade que você representa. Portanto, seja você mesma — seu ser sincero e maravilhoso. Deus lhe trará pessoas com mente similar à sua para que sejam suas amigas.

Escolha ser leal. Não queira ser amiga apenas nos bons momentos. Tenho certeza de que você sabe exatamente o que isso quer dizer. É aquele tipo de amiga que cai fora assim que algo ruim acontece. É uma grande amiga desde que nada fique complicado ou doloroso. Em geral, esse tipo de amizade é de uma única via. Desde que você faça as coisas como essas amigas querem ou concorde em tudo com elas, a amizade segue às mil maravilhas. Contudo, no momento em que a situação se complica, essas "amigas" desaparecem.

Ser leal quer dizer estar pronta para apoiar, auxiliar e encorajar a amiga. Essa é a razão pela qual a lealdade é essencial em qualquer amizade. Na Bíblia, a amizade de Davi e Jônatas era caracterizada pela sólida lealdade, mesmo em meio à adversidade. Eles se amavam e se encorajavam no Senhor, permanecendo juntos em momentos difíceis. Eles se conheceram ainda jovens, quando eram guerreiros, e nosso último vislumbre dessa amizade é de Davi lamentando a morte de Jônatas. A amizade deles era do tipo "até o fim não importam as circunstâncias". Você pode ler a respeito dessa amizade em 1Samuel 20:14-17.

Como você avalia sua lealdade como amiga? Você é uma "amiga mais chegada que uma irmã" (cf. Provérbios 18:24)? A lealdade começa com você sendo leal.

Escolha ser honesta. Confiança é outro aspecto essencial em qualquer relacionamento. Se quiser ter amigas e amigos que são honestos com você, então você precisa ser honesta com elas. A honestidade é um dos benefícios da verdadeira amizade. A Bíblia apresenta esse fato da seguinte maneira: *Quem fere por amor mostra lealdade. [...] do conselho sincero do homem nasce uma bela amizade* (Provérbios 27:6,9, NVI).

Você e uma verdadeira amiga devem ajudar uma à outra a se aproximarem mais dos objetivos e padrões de Deus. Diga a verdade. Seja uma mulher de palavra. E fale quando vir algo que não está correto. Ah, lembre-se: a honestidade é uma via de mão dupla! Esteja sempre disposta a pedir conselho e aceitar a correção de uma amiga.

Escolha encorajar. Você já pensou em como é fácil dizer às pessoas tudo o que você acha que elas estão fazendo de errado? Dizer que estão usando a roupa inadequada para a ocasião ou agindo da forma equivocada. Mas como seria muito melhor apontar as ações e atitudes corretas das outras pessoas!

Era assim que Davi e Jônatas agiam. A amizade deles se fundamentava no amor mútuo por Deus. Portanto, quando Davi foi marcado para morrer pelo rei Saul, o pai de Jônatas, este *foi falar com Davi* [...] *e restaurou sua confiança em Deus* (1Samuel 23:16). Isabel e Maria também encorajaram e abençoaram uma à outra no Senhor.

A mensagem de Deus é para que todos os cristãos, homens e mulheres, *exortem-se e edifiquem-se uns aos outros* (1Tessalonicenses 5:11, NVI). A melhor maneira de encorajar uma amiga é ajudando-a a encontrar forças em Deus. Compartilhar as Escrituras. Orar juntas. E fazer um elogio sincero. Seja específica em seu louvor. Saliente as coisas que você aprecia em sua amiga, algo que você vê em sua conduta ou admira em seu caráter. Determine-se a edificar as outras pessoas, em vez de procurar destruí-las.

Escolha cultivar as amizades. As boas amizades não acontecem da noite para o dia. Você tem de fazer uma escolha consciente para estreitar e manter os laços de amizade. Isso, como o cuidado com um jardim, requer tempo, zelo, esforço e oração. Exige pensamento e planejamento — um telefonema, um *e-mail*, sentar-se com uma amiga que está doente ou com o coração partido, compartilhar um almoço ou apenas passar algum tempo na companhia da outra pessoa. Amo o que o apóstolo Paulo disse a seus amigos em Filipos: ... *estais em meu coração* (Filipenses 1:7).

Você tem uma melhor amiga? O que você pode fazer hoje para alimentar e cultivar essa amizade?

ENCONTRANDO AMIGAS

Você, como cristã, já dispõe de um modelo de relacionamento. Tem um amigo em Jesus Cristo. Jesus, o Filho de Deus, escolheu você para firmar um laço de amizade. Assim como Jesus falou com seus discípulos, ele fala com você como seu amigo: *Vós sois meus amigos [...] eu vos chamo amigos* (João 15:14,15). Com Jesus como seu amigo, você não precisa de mais ninguém.

No entanto, Deus também provê outras pessoas com quem você pode e deve ter amizade. As mulheres que você encontra na igreja são um ponto de partida natural.

E quanto a fazer amizade com os vizinhos? Recentemente, falei em uma conferência na Califórnia e, enquanto estava ali, passei algum tempo com minha vizinha a quem não via havia várias décadas. Surpreendentemente, pegamos a conversa de onde havíamos parado, antes de nós duas nos mudarmos de cidade, muitos anos atrás!

Existem outras duas fontes de amizades das quais, em geral, acabamos por nos esquecer. Uma delas são nossos pais. Não existe nada de estranho em ter seu pai ou sua mãe como melhores amigos. Eles são dádivas de Deus para você. Ninguém a ama mais e cuida de tudo pensando no que é melhor para você que seus pais. Abrace esse objetivo — e despenda tempo, esforço e dinheiro em desenvolver uma amizade mais profunda com seus pais. Trabalhe nesse relacionamento hoje e todos os dias. E, no futuro, você será abençoada e ficará feliz por ter feito isso.

A segunda fonte são seus irmãos. Quando criança, você provavelmente pensou: *Amizade com meu irmão pateta? Nem pensar.* Ou: *Amizade com minha irmãzinha irritante? Você deve estar brincando!* Contudo, a verdade é que as amizades ao longo da vida vêm e vão. Você pode manter contato com algumas delas, mas a maioria de suas amizades fica pelo caminho.

Sua família, no entanto, é simplesmente isso — sua família. Sempre estará ali, em especial se você se esforçar para edificar e manter as amizades com todos eles. E aquele irmão pateta cresceu e já não é mais pateta. E a irmãzinha irritante é uma mulher com a própria família. Portanto, ore pelos membros de sua família e também por seus sobrinhos e sobrinhas! Faça um esforço para ficar próxima e manter laços estreitos com seus familiares.

A LISTA BÍBLICA DAS AMIZADES QUE DEVEM SER EVITADAS

Esse título não soa muito bem, não é mesmo? A Bíblia, no entanto, é bastante clara quando nos fala sobre amizade... e sobre quem devemos evitar! Dê uma olhada na lista de pessoas com quem você não deve fazer amizade. À medida que ler esses versículos, observe a fala, o caráter ou a conduta daquelas pessoas que não devem ser suas amigas e os efeitos negativos que elas podem ter em sua vida.

Quem anda com os sábios será sábio, mas o companheiro dos tolos sofrerá aflição (Provérbios 13:20).

Não faças amizade com uma pessoa briguenta, nem andes com o homem que logo se enfurece (Provérbios 22:24).

Mas agora vos escrevo que não vos associeis com aquele que, dizendo-se irmão, for imoral ou ganancioso, idólatra ou caluniador, bêbado ou ladrão. Com esse homem não deveis nem sequer comer (1Coríntios 5:11).

Não vos coloqueis em jugo desigual com os incrédulos; pois que sociedade tem a justiça com a injustiça? Que comunhão há entre luz e trevas? Que harmonia existe entre Cristo e Belial? Que parceria tem o crente com o incrédulo? (2Coríntios 6:14,15).

Não vos enganeis. As más companhias corrompem os bons costumes (1Coríntios 15:33).

AJUDE-ME! ESTOU NA IDADE DE NAMORAR

Se esse for seu caso, lembre-se de escolher andar com calma e vagar. Não tenha pressa. Guarde seu coração. E ore, ore, ore! Seu objetivo não é meramente encontrar um rapaz, mas um tipo certo de rapaz. Na Bíblia, você encontra um modelo sobre o tipo de rapaz com quem deve passar seu tempo. Separe alguns minutos para ler o livro de Rute. (E não se preocupe — ele é muito breve!) Observe as seguintes qualidades encontradas em Boaz:

- *Piedade.* Procure um rapaz com paixão por Jesus. Essa deve ser sua prioridade máxima. Boaz orou para que o Senhor abençoasse Rute (Rute 2:12).
- *Diligente.* Procure um rapaz que seja trabalhador. Boaz era um administrador cuidadoso de sua propriedade (Rute 2:1).
- *Amigável.* Procure um rapaz que seja seu melhor amigo. Boaz, amigavelmente, saudou e deu as boas-vindas para que Rute entrasse em sua plantação (Rute 2:4,8).
- *Misericordioso.* Procure um rapaz com compaixão pelos outros. Boaz perguntou sobre a situação de Rute e agiu em favor dela (Rute 2:7).
- *Encorajador.* Procure um rapaz que contribua positivamente para seu desenvolvimento. Boaz destacou as boas qualidades de Rute a fim de encorajá-la (Rute 2:12).
- *Generoso.* Procure um rapaz com coração generoso. Embora Rute precisasse de alimento e trabalhasse para consegui-lo, Boaz lhe deu uma quantia adicional (Rute 2:15).
- *Gentil.* Procure um rapaz com o coração amável. A viúva Noemi agradeceu a Deus pela gentileza de Boaz em relação a ela e a Rute (Rute 2:20).
- *Discreto.* Procure um rapaz que proteja sua reputação. A fim de evitar qualquer especulação sobre a pureza de Rute quando esta passou a noite em sua eira, Boaz a mandou para casa antes de o sol nascer *para que não fosse reconhecida* (Rute 3:14).

- *Fiel*. Procure um rapaz que tenha palavra. Boaz seguiu adiante em sua promessa de casar com Rute (Rute 4:1).[1]

ESCOLHENDO UMA ABORDAGEM PIEDOSA PARA O NAMORO

Quer você chame isso de namoro, paquera ou apenas tempo para se conhecerem melhor, encontrar o rapaz certo é como navegar em um labirinto! Você não sabe exatamente onde buscar. O exemplo de Boaz, no entanto, ajuda muitíssimo.

Boaz parece ser um homem muito especial, não é mesmo? Você conhece alguém como ele? Bem, se não conhece, seja paciente. Ele está por aí em algum lugar, e Deus está trabalhando na vida desse rapaz neste exato momento. Nesse ínterim, eis algumas escolhas que *você* precisa fazer enquanto Deus *a* prepara para o rapaz certo — o melhor homem!

Escolha associar-se com homens ativos, vibrantes e cristãos de verdade. Desenvolva uma lista com as qualidades de caráter apresentadas na Bíblia que são necessárias em um homem cristão que você queira namorar e possivelmente casar, se essa for a vontade de Deus. Depois use essa lista como diretriz para os rapazes de seu círculo de amigos hoje. Pense nas características de Boaz, um homem temente a Deus. Examine também os textos de 1Timóteo 3 e Tito 1. Nessas passagens, você verá Deus elogiando alguns homens cujo caráter é irrepreensível e cuja conduta é pura. Esse é o tipo de rapaz pelo qual você deve orar e com quem deve passar parte de seu tempo. Deus deseja o *melhor* para você, e você deve desejar isso também. Não se acomode com ninguém menos que o melhor!

E, para apresentar essa ideia de forma ainda mais veemente, *jamais* namore alguém que não seja cristão. A Bíblia é claríssima nesse ponto. O texto de 2Coríntios 6:14 afirma o seguinte: *Não se ponham em jugo desigual com descrentes. Pois o que têm em comum a justiça e a maldade? Ou que comunhão pode ter a luz com as trevas?* (NVI).

Eis como alguns líderes populares de jovens e solteiros encaram essa questão:

Não aceite o mito: "Posso testemunhar para ele". O que em geral acontece é que, quando casais se relacionam em diferentes níveis espiritualmente, o cristão é afastado de Deus com maior frequência que o contrário.[2]

Os escritores prosseguem mostrando como o relacionamento com um namorado não cristão só contribui para diminuir quem *você* é em Cristo. Não existe a menor possibilidade de um descrente ajudar a tornar mais firme sua caminhada em Cristo.

Escolha ser paciente enquanto observa e espera, sempre orando a Deus para que ele revele sua vontade divina. Enquanto espera pacientemente, observe os rapazes solteiros que são líderes espirituais em sua igreja e em grupos de solteiros. Observe as qualidades de caráter deles. Preste atenção na forma como tratam as outras pessoas. E isso pode soar como algo muito forte, mas... eles gostam de ler? Sempre ouço meu marido dar esse conselho às solteiras em todas as conferências para mulheres que comparece comigo: "Se um homem não gosta de ler, então ele não lidera". Um leitor é um aprendiz.

Escolha permanecer moral e sexualmente pura, quaisquer que sejam as circunstâncias! Faça esse compromisso com Deus e reafirme isso diariamente. O padrão do Senhor é a pureza absoluta. Essa é uma escolha espiritual, uma escolha sábia e a escolha certa. Se um rapaz é temente a Deus e realmente se preocupa com o bem-estar de sua escolhida, desejará a pureza sexual para ele mesmo *e* para você também. Ele estimulará o melhor em sua vida espiritual, sem tentá-la a ir contra a vontade de Deus.

Namorar em qualquer idade pode colocá-la em uma montanha-russa emocional que acaba por feri-la profundamente quando o relacionamento termina. Pode afetar sua reputação ou contribuir negativamente para o desenvolvimento de seu caráter. Ou ainda pode fazê-la envolver-se em alguma dificuldade sexual que deixa cicatrizes para o resto da vida. Não permita que suas emoções dominem suas escolhas. Portanto, fixe os padrões de Deus com firmeza em seu coração e mente. Examine a Palavra de Deus — não suas emoções — quando tiver de fazer suas escolhas.

TRÊS TIPOS DE PESSOAS

Não há a menor dúvida de que escolher as amizades é uma parte importante da vida. Amizades boas e genuínas são usadas por Deus para encorajá-la, ensiná-la, apoiá-la e fazê-la amadurecer. Portanto, escolha-as com oração e com muito cuidado.

Já observei que existem três tipos de pessoas na vida:

- aquelas que a enfraquecem,
- aquelas que a acompanham ao longo do percurso e
- aquelas que a encorajam.

Obviamente, você quer evitar as pessoas que a enfraquecem. As *más companhias* acabam por corromper nosso caráter. Portanto, faça amizade apenas com as pessoas que a acompanham ao longo do caminho e que a encorajam. Isso quer dizer que seus melhores amigos devem ser cristãos — amigas e amigos fiéis a Cristo que a estimularão ao longo da caminhada e a levarão na direção de Cristo, para que você se torne semelhante a nosso Salvador.

Enquanto sai por aí em sua tarefa de procurar e escolher as amizades para sua vida, tenha certeza de...

Começar consigo mesma. Alimente as qualidades que deseja em suas amizades. Seja o tipo de pessoa que estimula os outros ao longo do caminho e os leva na direção das coisas de Deus.

Estabeleça os mais altos padrões possíveis. Mire nos padrões bíblicos que discutimos até aqui. Lembre-se: é melhor não ter amizades do que ter o tipo errado de amizade!

Uau, que importante área entre as muitas nas quais você precisa fazer escolhas — você não concorda? Como essa é uma área importantíssima, não resisto a algumas palavras finais de revisão.

Uma boa amizade envolve uma pessoa cristã com uma forma de pensar firme e muito similar à sua e que ajudará você a conceber seus melhores pensamentos, fazer suas obras mais honradas e ser, em seu íntimo, a melhor pessoa possível. Como sempre, a escolha de suas amizades é sua. Escolha de forma sábia!

As diretrizes de Deus para você fazer as escolhas certas... sobre as amizades

As diretrizes apresentadas a seguir ajudarão você a caminhar ao longo de seu dia, confiante de que está buscando fazer as escolhas certas.

- Escolha as amizades que serão leais — *O homem que tem muitos amigos pode ser arruinado por eles, mas há amigo mais chegado que um irmão* (Provérbios 18:24).

- Escolha as amizades que serão fiéis — *O amigo ama em todo o tempo, e na angústia nasce o irmão* (Provérbios 17:17).

- Escolha as amizades que prestam contas a você e pedem que você preste contas a elas — *Como se afia o ferro com outro ferro, assim o homem afia seu amigo* (Provérbios 27:17).

- Escolha as amizades que encorajem você a crescer — *Assim, meus amados, como sempre obedecestes, não somente na minha presença, porém muito mais agora na minha ausência, realizai a vossa salvação com temor e tremor* (Filipenses 2:12).

- Escolha as amizades que oram por você — *Portanto, desde o dia em que soubemos disso, nós também não cessamos de orar por vós e de pedir que sejais cheios do pleno conhecimento da sua vontade, em toda sabedoria e entendimento espiritual* (Colossenses 1:9).

capítulo **dez**

PRESTANDO ATENÇÃO NAQUILO QUE VOCÊ DIZ

> As palavras da minha boca e a meditação do meu coração sejam agradáveis na tua presença, Senhor, minha rocha e meu redentor!
>
> — Salmos 19:14

Aconteceu de novo! Mesmo depois de *prometer* a mim mesma que não faria isso novamente. E o que é pior, eu também prometera isso a Deus.

Mas ali estava eu, de pé no estacionamento da igreja — e que lugar para fazer isso — totalmente abatida! As mulheres mais próximas já haviam dado meia-volta e ido para seus respectivos carros. Cada uma delas saboreava a informação que eu divulgara de forma rápida e impetuosa. Cada uma estava saboreando os "petiscos deliciosos" (como Provérbios 18:8 da versão NVI denomina essa atitude) que eu havia lhes servido.

Isso mesmo, aquele grupo de irmãs havia recebido sua injeção semanal de fofoca! Agora, estavam prontas para espalhar as últimas novidades à sua própria rede de recipientes ávidos por notícias bombásticas e maledicentes. Para quem faz fofoca, o que uma novidade pode causar para a reputação e os relacionamentos das outras pessoas é algo que não tem a menor importância!

Soa horrível quando descrevo esse fato dessa maneira, não é mesmo? Houve um tempo em que eu não me dava conta disso. Era algo que todas nós fazíamos. Sempre tínhamos a "reunião após a reunião". E éramos igualmente culpadas do mesmo pecado. Na realidade, naquela época eu não considerava o que fazíamos como "pecado". Não creio que eu teria pecado intencionalmente. Ainda assim, era exatamente o que eu estava fazendo. Escolhi fofocar, ou mexericar, se você preferir!

Relatei uma variação dessa história na igreja de minha filha em Nova Iorque, e ela (Katherine) me procurou durante o intervalo para dizer: "Mãe, você precisa acabar a história. O que você compartilhou parece que aconteceu ontem, e não vinte anos atrás!". Assim, depois do intervalo, expliquei como Deus convencera meu coração e provocara uma transformação em minha vida.

E, louvado seja o Senhor, já não sou a mesma pessoa hoje. E louvado seja o Senhor mais uma vez, as palavras que saem de minha boca já não são as de outrora. Pela graça de Deus, experimentei a vitória e a transformação nessa área vital das escolhas certas — a boca! Ah, é verdade, dou "umas escorregadelas muito de vez em quando" — ou seja, raríssimas vezes —, mas a fofoca já não faz mais parte de minha rotina diária.

Como consegui essa vitória? Como dominei minha boca? Continue lendo!

APRENDENDO SOBRE A FOFOCA

Comecemos essa seção com uma charada:

Adivinhe quem sou eu!

Arruíno sem matar. Destruo famílias. Parto corações e destroço vidas. Você consegue me encontrar nos bancos

> das igrejas com pessoas tementes a Deus tanto quanto nos redutos dos incrédulos. Ganho força com a idade. Consegui abrir caminho em lugares onde a ganância, a desconfiança e a desonra são desconhecidas; ainda assim, minhas vítimas são tão numerosas quanto os grãos de areia no mar e, com frequência, são pessoas inocentes. *Meu nome é fofoca.*[1]

É um fato horrível: todas nós já fomos atingidas pela fofoca. Ninguém está imune à dor lancinante causada pela informação falsa e prejudicial. Sei que já fui vítima dessa dor e prejuízo. Tenho vergonha de admitir que também já causei essa dor e prejuízo. Você também já deve ter experimentado os dois lados da fofoca.

Ah, minha cara! Você consegue me ouvir gemendo? Isso porque, só de *pensar* no assunto fofoca — ou pronunciar essa palavra —, rememoro minhas mancadas repugnantes nessa área. Logo falarei mais sobre como venci esse terrível hábito. Por ora, deixe-me dizer que comecei a experimentar a vitória sobre a *fofoca* quando aprendi o verdadeiro sentido dessa palavra.

Ao ouvi-la, a palavra "fofoca" não soa tão terrível, não é mesmo? Pesquisei sobre o termo em meu dicionário e encontrei a definição "conversa casual sobre outras pessoas". Isso não soa tão terrível, não é?

E, no passado, havia a ideia de que a fofoca desempenhava um papel na sociedade. As notícias eram compartilhadas verbalmente. As mulheres de boa reputação não saíam sozinhas nas ruas nem iam ao mercado desacompanhadas. Portanto, confiavam nas notícias trazidas por outras pessoas. As empregadas e servas reuniam as últimas novidades e informações sobre as pessoas e os eventos — tanto os próximos quanto os distantes. Daí, essas novidades eram passadas adiante.

A razão pela qual me refiro ao hábito de fofoca como um assassino, portanto, se deve ao que encontrei após fazer uma pesquisa mais aprofundada. Fiquei chocada ao descobrir que fofocar (mexericar) significa literalmente "derramar, misturar, jogar no chão". Pense nisso:

o que uma fofoca ou difamação faz? Mata as pessoas. Ah, não no sentido literal. No entanto, ao passar adiante informações negativas sobre uma pessoa, uma fofoca derrama, joga no chão, a reputação de uma pessoa. Joga por terra o bom nome da pessoa. A pessoa difamadora, por intermédio de meras palavras, mata a reputação de uma vítima inocente, reputação pela qual trabalhou tão arduamente para edificar durante sua vida.

Outra definição de *fofoca* inclui "disse me disse" e "intriga". E, se você for honesta, sabe que a maioria das fofocas acontece quando *não* estamos fazendo nada de útil. Você telefona para sua melhor amiga, uma irmã ou conhecida e, antes de se dar conta, já está falando mal de outra pessoa! Ou, como eu, você passa tempo no estacionamento da igreja esperando as atividades começarem ou fazendo uma "reunião" depois do culto.

São necessárias apenas duas pessoas para a fofoca acontecer. E, quando duas mulheres se reúnem, a conversa surge naturalmente, o que facilita muito o surgimento da fofoca também!

O QUE A BÍBLIA DIZ SOBRE A FOFOCA

A Bíblia desfere flechas afiadas de alerta e instrução especialmente para as mulheres a respeito do uso que elas fazem da boca. Nesse sentido, as Escrituras se referem *às mulheres* como fofoqueiras, mexeriqueiras, difamadoras e caluniadoras. Tudo bem, isso não é nenhuma novidade nem o fim do mundo.

Então, temos algumas definições selecionadas. Uma pessoa difamadora é aquela que faz afirmações falsas ou prejudiciais sobre a reputação de outra pessoa. Bem, essa é uma questão muito séria, não é mesmo? Entra em cena "o assassino" — também conhecido como fofoca!

Você sabia que a Bíblia contém uma lista de qualidades que Deus deseja nas mulheres cristãs de todas as idades? Em Tito 2:4, lemos que as mulheres mais velhas devem *ensinar às mulheres novas* tudo o que já aprenderam. Uma dessas lições de vida é *não serem caluniadoras* (cf. Tito 2:3). Isso quer dizer que fofoca e calúnia *não* são qualidades de pessoas tementes a Deus e, portanto, devem ser abolidas na sua e na minha vida. Certamente, é difícil não fofocar. Mas é ainda mais preocupante saber que a fofoca não tem lugar em nossa vida nem faz parte de nosso repertório de comportamentos ou hábitos. Esse é um *não* total, um *zero* de fofocas!

Recentemente, enquanto eu gravava um programa de rádio, ele finalmente apareceu — o tema fofoca. Então tive de compartilhar a seguinte informação repugnante:

> O termo *"calúnia" é usado muitas vezes na Bíblia. E seu sentido é assustador!* É um termo proveniente da palavra grega *diabolos*, cujo sentido é fofoca maliciosa, difamação ou acusação falsa. A palavra é usada 34 vezes (isso mesmo, 34 vezes!) no Novo Testamento como um título para Satanás. Também é empregada para descrever Judas, o discípulo que traiu Jesus e foi chamado de "diabo" em João 6:70. E, além dessas referências, o termo é encontrado em Tito 2:3 e em 1Timóteo 3:11 em referência às mulheres, cujo sentido literal é "diabas".

As fofocas ou mexericos não estão em boa companhia, não é mesmo? Estão junto com Satanás, Judas e as mulheres "diabas" — e esse não é um pensamento nada agradável, concorda? Até mesmo a ofensora mais inclemente (*ops!*) se envergonhará de sua fofoca se perceber que não passa de uma diaba envolvida em calúnia assassina.

Aprendendo com os outros

Infelizmente, a Bíblia nos mostra muitas mulheres que participaram da destruição de outras pessoas por intermédio da fofoca impiedosa ou incontrolada. Eis alguns exemplos:

- **A esposa de Potifar.** Você pode ler em Gênesis 39 a história completa de como essa mulher tentou José, mas eis como a esposa de Potifar mentiu para o marido e acusou falsamente José, homem reto: *José era belo de porte e de rosto. E aconteceu depois dessas coisas que a mulher do seu senhor pôs os olhos em José e lhe disse: Deita-te comigo. Mas ele se recusou [...]* [e ela falou com o marido e lhe contou uma história falsa]. *Então o senhor de José o tomou e o lançou no cárcere, no lugar em que os presos do rei estavam encarcerados; e ali ele ficou* (Gênesis 39:6-8,20).

Qual foi o resultado do relato maledicente e difamador dessa mulher? José, o servo de Deus, passou três anos no cárcere (Gênesis 40).

- **Jezabel.** Essa mulher perversa deu início à acusação falsa de que Nabote, um homem reto, blasfemara contra Deus e também contra seu marido, o rei — tudo porque Nabote não quis vender sua vinha para o rei. *Também vieram dois homens sem escrúpulos e ficaram na frente dele. E estes homens acusavam Nabote perante o povo, dizendo: Nabote blasfemou contra Deus e contra o rei.*

  O resultado? *Então, o conduziram para fora da cidade e o apedrejaram, de modo que morreu* (1Reis 21:13).

- **Marta.** Marta foi maledicente em relação à irmã e ao Senhor. Ela difamou e atacou o caráter de ambos. Contrariada porque Maria não a ajudava com os preparativos para um grande número de convidados, exclamou: *Senhor, não te importas que minha irmã me tenha deixado sozinha com o serviço? Dize-lhe que me ajude* (Lucas 10:40).

  O resultado? Marta foi repreendida e corrigida por Jesus. E Maria, que escolhera interromper seu serviço agitado para ouvir o Senhor, foi louvada por ele.

Esses são exemplos óbvios das consequências de escolhermos abrir nossa boca de maneira pecaminosa, não é mesmo? A fofoca, no entanto, é uma prática e uma escolha que tem muitos disfarces. Talvez o seguinte retrato de três tipos distintos de fofoca lance mais luz sobre quaisquer concepções equivocadas que você possa ter sobre a fofoca.

TRÊS CATEGORIAS DE FOFOCA

A fofoca maliciosa

A fofoca maliciosa tem o objetivo consciente e deliberado de ferir. Fundamenta-se na inveja e está enraizada no egoísmo. Visa atrapalhar relacionamentos e destruir amizades. E pode se manifestar em todo tipo de ações pérfidas.

A racionalização

A racionalização é muito mais sutil que a fofoca maliciosa. O que torna a racionalização tão grave *é que* ela em geral resulta em autoengano. Enraizada e fundamentada nos mesmos motivos que a fofoca maliciosa, a pessoa que racionaliza se convence de que está fazendo isso para "o bem" da outra pessoa. Ela pode disfarçar isso como "interesse de oração" e "preocupação pessoal". No entanto, a racionalização é extremamente destrutiva.

A fofoca inocente

Esse comportamento envolve a pessoa que está verdadeiramente preocupada, mas que, de certo modo, não é sábia nem sensível em relação aos sentimentos dos outros. A fofoca inocente é algumas vezes motivada pelo desejo de ser "útil", mas, na realidade, a fofoqueira pode estar tentando provar para os outros como ela de fato é muito útil. Nessa situação, uma linha tênue separa o egoísmo dos motivos abnegados. Todas as pessoas cristãs precisam ter consciência desse tipo de fofoca.[2]

BUSCANDO A FALA PIEDOSA

Aleluia — por fim consegui! Agradeço a Deus pelo fato de sua mensagem para mim tornar-se finalmente clara e veemente: meu hábito de falar de forma impiedosa e — mais especificamente de fofocar — teve de ser tratado.

Portanto, eis o que aprendi sobre o que significa ter uma fala piedosa. Obviamente, isso vai muito além de lidar com a fofoca e eliminar todo e qualquer mexerico. Inclui também a escolha de não mentir, não amaldiçoar, não contar piadas sujas nem usar o que a Bíblia menciona como *palavras indecentes* (Colossenses 3:8). E, é claro, a Bíblia lança o holofote sobre a fofoca, e queremos fazer isso neste capítulo também, porque esse hábito nocivo pode ter uma aparência inofensiva. Afinal, quando você ouve o que as pessoas estão dizendo, parece que "todo mundo está fazendo isso" — e, portanto, está tudo muito bem.

Cara amiga, espero que você seja tocada por essas definições e ilustrações deprimentes como eu também o fui. A fofoca sempre tem uma consequência! E espero que você também deseje seguir o chamado de Deus para a fala piedosa.

No passado, falhei demais na *área da fofoca. No entanto, aprendi a verdade sobre* ela. Foi então que comecei a ter o propósito — todos os dias ao acordar — de viver a ordem divina de deixar de lado toda a malícia e fala perniciosa (Efésios 4:31). Foi algo transformador em minha vida! Não foi — e ainda não é — fácil! As oportunidades para fofocar existem em abundância. No entanto, estou comprometida a fazer o esforço, dia após dia, de não me envolver em fofocas.

Para ajudar você (e servir de alerta para mim!), comecei a fazer alguns questionamentos sobre o objetivo da fala piedosa.

Como você pode evitar a fofoca?

Coloque essas táticas para funcionar a seu favor. Confie em mim — elas funcionam!

Para começar, *pense sempre o melhor sobre as outras pessoas.* Recuse-se a pensar o pior a respeito delas. Em vez disso, empenhe-se em presumir sempre o melhor nas ações e palavras dos outros. Aplique as diretrizes de Filipenses 4:8 a tudo o que ouve sobre as pessoas: *Quanto ao mais, irmãos, tudo o que é verdadeiro, tudo o que é honesto, tudo o que é justo, tudo o que é puro, tudo o que é amável, tudo o que é de boa fama, se há alguma virtude, e se há algum louvor, nisso pensai.*

A seguir, *faça um acordo com suas amigas para não fofocar.* Compartilhe com as pessoas mais próximas seu desejo de crescer nessa área. Conte-lhes sobre as mudanças que você quer alcançar em sua vida e a razão para agir dessa forma. E peça-lhes para que elas a avisem sempre que você der uma escorregadela e fofocar.

Além disso, *evite cenários que possam levá-la a fofocar.* Bem, pelo menos fique alerta em relação a eles. Provavelmente, você conhece a lista — almoços, festas, chá de bebê ou de cozinha e até mesmo reuniões da igreja. Antes, tenha como objetivo participar de grupos de estudo bíblico ou de um cenário de discipulado cujos propósitos sejam o crescimento espiritual e a exposição à Palavra de Deus e às verdades do Senhor.

Não é necessário mencionar que você deve *evitar as pessoas que fofocam*. Você descobrirá que, infelizmente, existem certas mulheres que fofocam com regularidade e têm a habilidade de atrair outras pessoas — incluindo você — para essa prática nociva.

Tente *não dizer nada*. Se sua boca estiver fechada, será difícil fofocar. Você já ouviu o gracejo: "É melhor acharem que você é uma tola do que abrir a boca e comprovarem que é mesmo"? Bem, não diga nada! Assim, estará um passo à frente.

Como trabalhar para eliminar a fofoca de sua vida?

Eis três áreas em que você deve trabalhar para evitar armadilhas de fofocas. Tente seguir essas dicas todos os dias:

- *Telefonemas*. Cuidado com as conversas intermináveis ao telefone! Deixe sua caixa postal lidar com as chamadas. E, quando conversar ao telefone, inicie a chamada com as seguintes palavras: "Tenho apenas alguns minutos".

  E não se esqueça de usar o *e-mail* ou a mensagem de texto via celular. Você ficará tentada a dizer muito menos. Além disso, terá o duro benefício de ver suas palavras na tela do computador ou do celular! Quando você vê que as palavras não são bonitas, pode mudar o que disse ou apenas não dizê-las de modo algum.
- *Conversas*. Eu deveria dizer: "Fale menos". Mas quando ou se você precisar falar, não fale por muito tempo. Conforme o provérbio nos ensina: *Nas muitas palavras não falta transgressão, mas o que controla seus lábios é sensato* (Provérbios 10:19). Seja sábia. Fale menos.
- *Pausa*. Não seja rápida em responder ao que as pessoas dizem ou comentam. Espere para dar sua opinião ou suprir informações. Você não precisa ser rápida na resposta a cada pergunta que lhe é feita. Algumas vezes, respostas rápidas podem levá-la a muita dor de cabeça! Você tem todo direito de pedir algum tempo

para pensar e orar sobre as coisas antes de dar sua resposta (se é que dará alguma). Uma resposta impulsiva é em geral uma resposta tola: *Vês um homem precipitado nas suas palavras? Há mais esperança para o insensato do que para ele* (Provérbios 29:20).

Como fazer uma mudança permanente em sua fala?
Lembre-se das seguintes verdades e táticas básicas:

- *Lembre-se da fonte da calúnia.* Claro, a fonte é o demônio. Assim que você se lembrar disso antes de abrir sua boca, provavelmente a fechará de imediato!
- *Reconheça a causa da calúnia.* Entre as causas dessa atitude encontramos o ódio, os ciúmes, a inveja e o coração perverso. Essa não é uma lista muito bonita, não é mesmo? Em vez disso, seu objetivo deve ser o "doce falar".
- *Escolha suas companhias com cuidado.* Isole-se, se for preciso, até conseguir fazer isso da forma correta. Foi o que eu mesma fiz. Realizei um "jejum de palavras" durante o qual não dizia nada até que pudesse dizer algo de bom. Depois, quando você escolher suas companhias, escolha aquelas que só têm algo positivo a dizer sobre os outros.
- *Escolha suas atividades cuidadosamente.* Seja cuidadosa quando falar ao telefone, passar o tempo em algum lugar ou com alguém ou ficar muito tempo papeando depois de acabar o almoço com uma amiga.
- *Escolha palavras de louvor.* Seja conhecida como uma mulher que é amiga das mulheres. Chamo isso de uma mulher que é *a favor* das outras mulheres, em vez de ser *contra* elas. Deus quer que você compartilhe palavras cheias de graça (Colossenses 4:6), sábias e gentis (Provérbios 16:23,24; 31:26), agradáveis, doces, construtivas e instrutivas. Que sua fala possa edificar e ministrar graça a seus ouvintes (Efésios 4:29).
- *Escolha orar.* Em vez de falar sobre alguma pessoa que tem algumas questões a resolver, ore por ela. E, enquanto orar, ore por

você mesma e por sua fala. Ore também por aqueles que ferem você. Dessa forma, você estará contando seus problemas para a pessoa certa — Deus, e ninguém mais. O trabalho do Senhor é tratar com as pessoas que são injustas ou procedem mal com você (Romanos 12:19). Sua tarefa é orar e perdoar.

- *Escolha lidar com a fofoca como um pecado.* Foi nesse detalhe que fiz meu maior avanço. Reconheça diante de Deus que você tem um problema com a fofoca. Confesse isso como um pecado. Conte ao Senhor tudo a respeito (1João 1:8,9). E peça a ajuda dele.

O que fazer quando as outras pessoas fazem fofocas?

Imaginemos que você esteja alcançando progressos com seu problema. Bem, como você deve agir quando estiver em meio a outras mulheres que fazem fofocas ou mexericos? É bom estar preparada, e as opções a seguir a ajudarão nesse sentido:

- *Escolha sair de cena.* Quando a fofoca surgir na próxima reunião em que você tiver, siga o exemplo de José diante de uma situação comprometedora — ele fugiu (Gênesis 39:12). Paulo, no Novo Testamento, instruiu o jovem Timóteo a fugir da tentação (2Timóteo 2:22). Portanto, fuja! Deixe o recinto. Saia. E o mais rápido possível. Peça desculpas e saia. Vá respirar ar puro. Faça um telefonema. Retoque a maquiagem. Dirija uma oração a Deus. Peça ao Senhor sabedoria divina sobre a melhor forma de lidar com essa situação.
- *Escolha falar e declarar seu desconforto.* Aprendi uma lição valiosa em um estudo bíblico certa manhã quando a professora interrompeu a lição e anunciou: "Desculpem-me. Talvez isso só diga respeito a mim mesma. Mas eu me sinto desconfortável com o rumo dessa conversa. Vocês poderiam mudar de assunto ou seguir em frente com nossa lição?".
- Também, quando ouço alguém dizer: "Não conte a ninguém, mas...", levanto as mãos e interrompo a pessoa com as palavras: "Bem, então não conte para mim!".

- *Escolha uma frase ou duas para estar preparada.* Gosto de vir em auxílio à pessoa que está sendo caluniada. Por exemplo, digo o seguinte: "Ah, não! Meu Deus! Pare por aí, por favor!" ou "Ah, isso não pode ser verdade! Ela é muito gentil para fazer uma coisa dessas!".
- *Escolha usar sua língua para glorificar a Deus.* Afinal, a língua foi criada para glorificar o Senhor. A fofoca e a calúnia são atitudes que pervertem o uso da língua por causa da impiedade.

Talvez você já saiba — ou ainda não — que escrevi vários livros para pré-adolescentes e adolescentes e, à medida que fazia minha pesquisa para escrevê-los, deparei com um testemunho de partir o coração. Creio que você concordará que a garota que deu o testemunho teve percepções maravilhosas que podem ser úteis para a maioria das mulheres de todas as idades.

Palavras lamentáveis

Eu já disse algumas coisas em minha vida das quais me arrependo. Uma das que mais lamento ter dito se refere a uma garota que eu mal conhecia. Quando eu estava com um grupo de amigas em uma festa em que não acontecia nada, comecei a fofocar sobre essa garota — falar mal pelas costas e dizer coisas sobre ela que não eram verdadeiras. Por fim, ela descobriu o que eu estava fazendo, e perdi a chance de me tornar sua amiga. Tentei consertar a situação, mas ela nunca mais falou uma *única* palavra comigo.

Fui vil ao tentar impressionar minhas amigas com fofocas sobre uma pessoa inocente. Provérbios 3:29 declara que não devemos fazer o mal para as pessoas com as quais convivemos. Quando fiz fofoca sobre essa garota, eu a feri e também feri Deus. O Senhor criou cada um de nós de uma forma especial. Quando fazemos troça de alguém, é como se disséssemos a Deus: "Essa garota ou esse rapaz não é boa ou bom o suficiente para mim". E como podemos fazer isso quando essa pessoa é boa o suficiente para Deus?

— Megan[3]

ESCOLHENDO MONITORAR SUA BOCA

Uma das escolhas importantes que você precisa fazer com maior frequência é escolher monitorar sua boca. No entanto, se você precisa falar, então faça a escolha de controlar sua língua. A Bíblia elogia muito todas as pessoas que controlam sua fala. Veja um exemplo: *Se alguém não tropeça no falar, esse homem* [ou mulher] *é perfeito*[a] *e capaz de refrear também seu corpo inteiro* (Tiago 3:2). Que grande objetivo ao qual aspirar! E, como tudo na vida, a escolha é sua. Você pode caluniar as outras pessoas ou pode amá-las.

Se você desenvolver um coração de amor — amor pelo Senhor, amor por sua Palavra, amor pelo povo de Deus, amor pelo próximo —, não fofocará. A fofoca e a calúnia pervertem o objetivo para o qual sua boca foi criada — glorificar a Deus. Conclamo você a começar agora mesmo. Permaneça verdadeira. Brilhe com esplendor como a pessoa que fala palavras carregadas de verdade e gentileza. Se fizer isso, você será realmente uma mulher excepcional todos os dias de sua vida.

> **As diretrizes de Deus para você fazer as escolhas certas... sobre o cuidado com as palavras**
>
> As diretrizes apresentadas a seguir ajudarão você a caminhar ao longo de seu dia, confiante de que está buscando fazer as escolhas certas.
>
> - Controle suas emoções — *Como uma cidade destruída e sem muros, assim é o homem que não pode conter-se* (Provérbios 25:28).

- Controle sua vida controlando sua boca — *Quem guarda sua boca e sua língua, guarda a si mesmo do sofrimento* (Provérbios 21:23).

- Dedique sua boca à edificação — *Não saia da vossa boca nenhuma palavra que cause destruição, mas só a que seja boa para a necessária edificação, a fim de que transmita graça aos que a ouvem* (Efésios 4:29).

- Confie sua boca ao Senhor — *As palavras da minha boca e a meditação do meu coração sejam agradáveis na tua presença, Senhor, minha rocha e meu redentor!* (Salmos 19:14).

- Considere o fato de que sua boca pode causar grandes danos — *Assim também a língua é um pequeno membro do corpo, mas se gaba de grandes coisas. Vede como um grande bosque é incendiado por uma faísca* (Tiago 3:5).

capítulo **onze**

EXPANDINDO SUA MENTE

> Instrui o sábio, e ele se tornará ainda mais sábio; ensina o justo, e ele crescerá em entendimento.
> — Provérbios 9:9

De acordo com os estatísticos, as pessoas nascidas na década de 1980 ou depois — e isso pode incluir você! — vivenciaram um período incomum de grande prosperidade e oportunidades, pelo menos nos Estados Unidos da América. No entanto, poucos anos atrás, esse prospecto não era tão brilhante.

Permita-me contar a história de minha preciosa sogra, Lois. A mãe de Jim cresceu em um período da história chamado Grande Depressão. Os empregos eram escassos. Se uma pessoa tivesse a sorte de conseguir um emprego, o salário em geral era bem baixo — insuficiente para prover para o mínimo essencial para a família. Se quisesse ir a um restaurante local para um jantar completo, isso lhe custaria cerca de R$ 2,50. Não consideramos esse preço muito alto, porém mais da metade das famílias dos Estados Unidos não tinham esse valor para gastar com essa refeição! Hoje em dia, você não consegue comprar nem mesmo um copo de café por essa quantia!

Lois foi criada em uma pequena cidade mineradora em Oklahoma. Por ser uma das meninas mais velhas da família, tinha de ajudar a sustentar a família. Assim, não conseguiu acabar o ensino médio, completando apenas o ensino fundamental. No entanto, isso não a impediu de querer continuar a aprender e a crescer intelectualmente. Tornou-se uma ávida leitora e, anos mais tarde, concluiu o supletivo equivalente ao ensino médio regular. Voltou para a escola quando tinha mais de 40 anos para fazer o curso de técnica de enfermagem.

É aqui que você e eu podemos ter algumas lições sobre aprender e crescer. Quando Lois envelheceu, em vez de optar por uma vida intelectual mais leve, passou a ler cada vez mais a Bíblia. Também devorava as mensagens de áudio com pregações sobre a Bíblia. Frequentava a igreja com regularidade a fim de beber da exposição da Palavra de Deus feita por seu pastor. Além disso, lia livros cristãos com fome voraz. E, à medida que os anos passaram, Lois passou a ler livros de conteúdo mais especializado e acadêmico — obras de teologia, tratados sobre a natureza de Deus e vários comentários bíblicos.

Desse modo, você pode ver o exemplo que ela deixou para mim e minha família depois que partiu para junto do Senhor. Ainda me lembro de haver entrado no quarto dela após sua morte e ver a pilha de livros sobre seu criado-mudo. A maioria dos livros tinha sido lido, enquanto outros aguardavam um contato com aquela mente e aquele coração ávidos por conhecimento.

UMA DOSE DE REALIDADE

Pensando em Lois e em seu desejo de aprender, acabei por me lembrar da história de um rapaz e uma moça da pequena cidade onde meu marido nasceu; eles questionavam se era importante continuar ou não os estudos. Na cidade natal de Jim, havia uma enorme fábrica que contratava muitos residentes locais. Todos os anos, um grande número de adolescentes que acabava o ensino médio almejava um emprego nessa fábrica ou em algum negócio local que, de alguma forma, estava ligado a essa fábrica. Quando os colegas de Jim acabaram o ensino médio, a maioria esperava conseguir um emprego na própria cidade. Eram empregos bem remunerados, mas que não exigiam nenhum estudo além do ensino médio.

Jim caminhava na mesma direção — seguindo o programa da escola, sem realmente demonstrar interesse em continuar seus estudos, até que um farmacêutico local demonstrou interesse em seu trabalho e o contratou para trabalhar em sua farmácia. Com o passar do tempo, o foco de Jim mudou — passando do desejo de trabalhar na fábrica local para se tornar farmacêutico.

A parte triste dessa história foi que a fábrica fechou logo que Jim terminou o ensino médio! Muitos de seus amigos de escola, bem como praticamente metade da cidade, perderam o emprego e a fonte de renda. E, como a maioria dos trabalhadores e dos jovens não tinha outro plano de carreira nem havia feito um esforço para se sair bem na escola, a perspectiva deles para o futuro foi esmagada nos despenhadeiros da realidade.

ELA MORREU APRENDENDO

Será que você está começando a ver para onde caminhamos neste capítulo? Bem, se você ainda precisar adivinhar, talvez as palavras que foram cinzeladas no túmulo de um afamado cientista possam ajudar: "Ele morreu aprendendo". Todas as vezes que leio esse epitáfio, as palavras me causam grande impressão.

Ao longo dos anos, tentei seguir o exemplo desse homem. Quero que aqueles que me conhecem digam o seguinte a meu respeito: "Ela morreu aprendendo". E, minha amiga, espero que esse também se transforme em seu lema de vida, porque não quero que nada similar à experiência da pequena cidade natal de Jim aconteça em sua vida.

Infelizmente, a vida é marcada por reviravoltas inesperadas e, se você não estiver preparada, pode se descobrir em um lugar muito difícil. Pode acordar amanhã e perceber que seu sonho de seguir determinada carreira ou seu objetivo de ser uma mãe que fica em casa cuidando dos filhos não é mais possível.

Portanto, comprometa-se a ser uma aprendiz ao longo de toda a sua vida. O aprendizado formal acontece com livros escolares e, na maioria dos casos, dentro dos quatro muros de uma sala de aula. Contudo, temos também o aprendizado informal. Esse tipo de aprendizado não depende tanto da habilidade quanto de seus interesses, necessidades e desejos pessoais. Você escolhe o que quer aprender, e as escolhas são infinitas! Tudo o que precisava fazer é ajustar esse aprendizado ao seu cronograma diário. É uma atividade contínua que deve durar toda a sua vida.

Por exemplo, pouco tempo atrás, após o culto de domingo, almocei com uma jovem solteira que está a um mês de se graduar em planejamento de eventos e coordenação, curso feito em uma universidade a distância. Nos últimos cincos anos, ela trabalhou apenas meio período, serviu à igreja como diretora dos ministérios para crianças, adolescentes e jovens adultos e continuou a aprender enquanto galgava os degraus em direção à graduação universitária.

E eis outro tipo de aprendizado. Uma de minhas filhas, após uma cirurgia para remoção de um nódulo maligno, "voltou para a escola", por assim dizer. Casada e com uma vida familiar agitadíssima, ela escolheu gastar alguns momentos de seu tempo diurno — e também noturno — pesquisando recomendações sobre sua dieta e colhendo informações médicas sobre sua condição. Hoje ela é uma enciclopédia ambulante em saúde, boa forma, alimentação e vitaminas. Deus a usa em grande medida para compartilhar seu amor e sua graça com as pessoas que a procuram em busca desse tesouro de informações educacionais.

E depois, é claro, temos o exemplo de Lois, minha sogra, uma pessoa idosa. E também penso em Debbie, minha cunhada, que voltou a estudar para se formar em direito quando os filhos entraram na universidade.

Todas essas mulheres maravilhosas desejavam aprender e, de alguma forma, conseguiram fazer isso, apesar da vida agitada e das muitas responsabilidades familiares. E você, onde se ajusta? O que você sonha em fazer? O que anda fazendo para crescer?

APRENDIZADO COMO ESTILO DE VIDA

Por várias décadas, desfrutei do ministério de mentora à mesa de minha cozinha. Que bênção gastar tempo todas as semanas com "papos de mulher" e ter a oportunidade de conhecer maravilhosas irmãs em Cristo!

Todavia, devo lhe dizer que uma das condições que estabeleci para nossas reuniões era que elas se comprometessem a ler todos os dias. O primeiro livro nessa lista (como você já deve ter adivinhado) era a Bíblia. Além dessa leitura, se a mulher fosse casada, ela teria de selecionar, comprar, retirar na biblioteca ou pedir emprestado algum livro sobre o casamento e ler diariamente o livro escolhido, por pelo menos 5 minutos Se fosse mãe (e você já adivinhou isso também), deveria selecionar, comprar, retirar na biblioteca ou pedir emprestado algum livro sobre como educar os filhos para ler diariamente, por pelo menos 5 minutos. E, de fato, eu realmente fiz isso — como todas as mulheres moram em algum lugar, ela também tinha de selecionar, comprar, retirar na biblioteca ou pedir emprestado um livro sobre a administração da casa e ler diariamente, por pelo menos 5 minutos. Em acréscimo a essas leituras, todas as mulheres de quem fui mentora deveriam escolher uma área em que desejavam crescer como cristãs (como a oração, a autodisciplina, a adoração) e — você já entendeu! — selecionar, comprar, retirar na biblioteca ou pedir emprestado um livro sobre o assunto e ler diariamente, por pelo menos 5 minutos.

Meus objetivos para essas mulheres? Primeiro, fundamentá-las na fé. E, segundo, ajudá-las a ficarem alertas às novas informações conseguidas por meio da leitura diária para cuidar dos relacionamentos e papéis prioritários em sua vida. E, para todas elas, fossem casadas ou não, para que crescessem em sua vida cristã e se preparassem para o ministério futuro... e isso só por meio do aprendizado diário que elas poderiam compartilhar com as outras pessoas. Tudo isso conquistado em apenas alguns minutos diários de dedicação!

Eu falava a cada uma de minhas discípulas sobre Ruth Graham, esposa do famoso evangelista Billy Graham, e sobre o que ela costumava dizer a suas filhas: "Não parem de ler, e vocês serão cultas".[1] O mesmo se aplica a você, minha cara amiga e leitora!

Agora, observe os seguintes conceitos a respeito do aprendizado:

- *O aprendizado é uma atitude* — envolve o coração e a mente.
- *O aprendizado é acumulativo* — ele se edifica sobre si mesmo.
- *O aprendizado não depende de QI* — só diz respeito a seu QD, ou seja, seu quociente de desejo.
- *O aprendizado não tem limites* — exceto aqueles que você internaliza e assimila.
- *O aprendizado não exige posição social nem dinheiro* — é gratuito para todas as pessoas que desejam crescer em conhecimento.
- *O aprendizado tem suas próprias recompensas* – suas recompensas são ilimitadas.
- *O aprendizado tem uma prioridade derradeira* – saber mais sobre Jesus Cristo (Filipenses 3:10; 2Pedro 3:18).

A PERSPECTIVA DE DEUS SOBRE O APRENDIZADO

Tenho certeza de que você está se convencendo sobre a importância de continuar aprendendo para ter uma vida sábia e preparar-se para o serviço a Deus. O Senhor nos criou com um incrível recurso denominado cérebro. E ele espera que façamos bom uso desse instrumento. À medida que você observa esses versículos, pense sobre como eles apontam para a necessidade de aprender. E não se esqueça de observar as bênçãos que Deus derrama sobre aqueles que "aumentam seu conhecimento".

> *Filhos, ouvi a instrução do pai e ficai atentos para que alcanceis o entendimento. Não abandoneis o meu ensino, pois eu vos ofereço boa doutrina* (Provérbios 4:1,2).

> *Adquire a sabedoria e o entendimento; não te esqueças nem te desvies das palavras da minha boca. Não abandones a sabedoria, e ela te guardará;*

ama-a, e ela te protegerá. A sabedoria é o principal; portanto, adquire a sabedoria; sim, adquire o entendimento com tudo o que possuis. Se a estimares, ela te exaltará; se a abraçares, ela te honrará. Ela dará à tua cabeça um diadema de graça, e te entregará uma coroa de glória (Provérbios 4:5-9).

Que os ouçam também o sábio, para que aumente seu conhecimento, e o que entende, para que adquira habilidade (Provérbios 1:5).

COMO DESFRUTAR DE UMA VIDA DE APRENDIZADO

Tenho certeza de que você conhece outras pessoas que, como Lois, escolheram se matricular em uma escola ou universidade por vários anos para obter um diploma. Pagaram as mensalidades e gastaram com os livros, submeteram-se a uma grade curricular e a um corpo docente, estudaram para as provas e fizeram trabalhos de pesquisa. Essas pessoas tinham um objetivo e o alcançaram. Bravo!

No entanto, você também, minha cara amiga, pode crescer, qualquer que seja sua situação. Seu crescimento pode ser diário e natural — até mesmo bem fácil. E eis alguns exemplos de escolhas para você continuar a aprender durante toda a sua vida.

Escolha ser uma leitora zelosa. A leitura é a janela para todo aprendizado. A leitura expõe você ao mundo inteiro e também ao conhecimento e às experiências dos outros. Digamos, por exemplo, que você leia um dos meus livros, como este aqui! Precisei de muitos anos — até décadas — para formular as informações que você obtém em algumas poucas horas ou dias. Contudo, em um breve período de tempo, você pode vir a conhecer grande parte do que sei sobre o assunto de fazer escolhas. E como isso acontece?

Você tem uma quantidade determinada de tempo, portanto seja seletiva em sua leitura. Escolha livros que a edificarão — livros que encorajem e inspirem! Livros que ensinem e capacitem. Não se esqueça: o primeiro livro que você deve querer ler — e ler vez após vez — é a Bíblia. Leia um pouquinho por dia, de capa a capa, vez após vez, por toda a sua vida. A Bíblia é o livro que ajudará você a enfrentar o câncer ou a lidar com os problemas difíceis com seu marido ou filhos. A Bíblia — em geral mencionada como "o Livro" — ajudará você a atravessar as tempestades da vida.

Escolha fazer perguntas. Todo mundo é especialista em alguma área e tem algo para ensinar a você. Descubra o que é esse algo, e aprenda com as pessoas com quem você convive ou encontra nas curvas da vida. Aborde cada pessoa como se ela fosse uma mestra. Alguém está fazendo algo que você gostaria de aprender? Você gosta de cozinhar? Quem pode expandir suas habilidades nessa área? Você quer saber como estudar a Bíblia? Peça a alguém apaixonado pelas Escrituras que ensine a você.

Escolha observar a vida dos outros. Olhe ao redor para encontrar modelos que você pode seguir — ou aprenda com os casos que você deve evitar! Quem na igreja está fazendo as coisas que você gostaria de aprender? E em sua vizinhança? Em seu local de trabalho? Quem parece já ter tudo organizado? Quem parece estar totalmente em confusão? Quem parece levar uma vida de pessoa temente a Deus, movendo-se para a direção que você quer seguir? Observe tanto os aspectos bons quanto os ruins. Preste atenção nos dois opostos. Depois copie as escolhas boas dos outros e evite as ruins.

Escolha aprender com a experiência dos outros. Já observamos que a pessoa que se limita a depender das próprias experiências passadas tem pouco material com o qual trabalhar. Digamos, por exemplo, que você queira ser escritora. Em que ponto deve começar? Encontre alguém que já escreveu livros ou publicou artigos em revistas. Pergunte a essa pessoa como ela começou e quais conselhos pode lhe dar.

O mesmo é válido para o trabalho missionário ou para o campo da medicina. Basta fazer perguntas a alguém com experiência. Nunca é tarde demais para aprender.

Você também pode aprender lições incríveis sobre a vida por intermédio das biografias dos grandes homens e mulheres da história. Quando me perguntam que tipo de livro gosto de ler, a resposta é sempre: "Biografias!". Aprendo muito com as experiências das outras pessoas — líderes, esposas e mães. Absorvo as experiências de fé dessas personagens com a tristeza, as perdas, a oração, o sofrimento... e também com as grandes vitórias e triunfos. A leitura é uma forma rápida de aprender com os sucessos das pessoas e também com seus equívocos.

E devo dizer isso novamente — não se esqueça das Escrituras. A Bíblia é o melhor livro de todos para aprender com a experiência dos outros.

Escolha estender seus horizontes. Talvez você esteja em um ponto de sua vida em que se sente um tanto confortável com tudo o que faz. Isso não é ruim. No entanto, se ficar no controle da jornada for a atitude que descreve sua forma de agir atual, e se você não tem interesse em estender seus horizontes, talvez uma citação de meu marido possa persuadi-la a repensar esse tipo de atitude.

Um dos *hobbies* de Jim (e meu também) é ler biografias de líderes militares. Um de seus generais favoritos da Segunda Guerra Mundial é Douglas MacArthur. Veja o que esse general diz sobre a vida e o aprendizado:

> A vida é um processo vibrante de formação. Se você não acrescentou nada em seus interesses no ano que findou, se continua a ter os mesmos pensamentos, relatando as mesmas experiências pessoais, tendo as mesmas reações previsíveis —, a rigidez cadavérica já se instalou em seu ser.[2]

Tenho certeza de que você não quer ter nada que ver com a rigidez cadavérica, aquela que ocorre nos músculos após a morte. Portanto, aprender é viver. Você não está morta e, portanto, deve se certificar de que não está agindo como se estivesse. E essa é minha oração para nós duas.

A IMPORTÂNCIA DO HOJE

Bem, não me entenda mal. Não estou encorajando você a voltar à escola, gastar todo o seu tempo enterrada em um monte de livros ou curvada diante da tela do computador. Talvez você já tenha feito tudo isso.

O que estou fazendo é encorajá-la a considerar a importância de aprender... hoje. Os hábitos e as disciplinas que você adquire diariamente lançarão o fundamento para o resto de sua vida, independentemente de sua idade. Hoje, você é tão jovem quanto será pelo resto de sua vida. Assim, hoje é o dia perfeito para você aprender. Você pode escolher hoje — e todos os dias — crescer em seu conhecimento sobre as coisas de Deus e sobre áreas que a estimulam a seguir adiante em uma vida de aprendizado e crescimento.

Tire proveito do hoje — e de todos os dias — para aprender e crescer. E isso começa com a escolha de não desperdiçar seu dia. Pense nas seguintes verdades a respeito das suas escolhas hoje:

- As *boas decisões* de hoje darão a você liberdade para escolher oportunidades maiores amanhã.
- Os *bons hábitos* de hoje darão a você mais disciplina para escolher aceitar os grandes desafios de amanhã.
- As *boas atitudes* de hoje capacitarão você a escolher correr a grande corrida e vencer o prêmio maior amanhã (1Coríntios 9:24).

ESCOLHA APRENDER

Tenho o que chamo de "hábito de notas adesivas". Não consigo me controlar. Em todas as lojas em que entro para fazer compras, reparo nas notas adesivas. No armário de suprimentos em meu escritório, você encontrará todas as cores, tamanhos e formas. E realmente as utilizo — em meu computador, em minha planilha de planejamento, em meu refrigerador e na porta do forno micro-ondas. Você pode até encontrá-las no espelho do banheiro, para que sejam as primeiras coisas que eu veja ao acordar. Bem, eis quatro perguntas que você pode afixar em seu espelho com essas notas adesivas — e em vários outros lugares também. Feliz aprendizado!

- Que coisa nova posso aprender *hoje*?
- Com quem posso aprender algo *hoje*?

- Como posso ampliar meu entendimento em algum aspecto de minha vida *hoje*?
- Como posso me tornar mais semelhante a Cristo *hoje*?

As diretrizes de Deus para você fazer as escolhas certas... sobre aprender

As diretrizes apresentadas a seguir ajudarão você a caminhar ao longo de seu dia, confiante de que está buscando fazer as escolhas certas.

- Siga os passos de Jesus — *Jesus crescia em sabedoria, em estatura e em graça diante de Deus e dos homens* (Lucas 2:52).

- Foque Deus — *Mas buscai primeiro o seu reino e a sua justiça, e todas essas coisas vos serão acrescentadas* (Mateus 6:33).

- Seja diligente — *Procura apresentar-te aprovado diante de Deus, como obreiro que não tem de que se envergonhar, que maneja bem a palavra da verdade* (2Timóteo 2:15).

- Dê o seu melhor — *Tudo quanto te vier à mão para fazer, faze-o com todas as tuas forças* (Eclesiastes 9:10).

- Responda ao desafio do Senhor — *Antes, crescei na graça e no conhecimento de nosso Senhor e Salvador Jesus Cristo* (2Pedro 3:18).

capítulo **doze**

PRATICANDO SUAS PRIORIDADES
Parte 1

> ... prossigo para o alvo, pelo prêmio do chamado celestial de Deus em Cristo Jesus.
> — Filipenses 3:14

O dia 31 de agosto de 1974 foi memorável em minha vida. Foi o dia em que Jim e eu nos sentamos e tomamos a decisão de que cada um de nós escreveria alguns objetivos de vida. Até então, eu me debatia com minhas realizações, fazendo pouco ou nenhum progresso em alcançar algo com influência piedosa duradoura. Basicamente, eu passara os primeiros 28 anos de minha vida como descrente, à deriva, vagando de um desejo a outro — e certamente sem ter Deus em mente! Ah, havia sempre aquela sensação importuna ou aquele vazio em algum recôndito de meu coração que me levava a sentir que a vida deveria ser muito mais do que aquilo que vivenciava. Não demorou muito até que Jim e eu nos sentássemos à mesa de jantar para começar a exercitar o que nos mudaria para sempre.

Naquele domingo transformador de vida, oramos e pedimos para Deus nos dar sabedoria enquanto escrevíamos nossos objetivos — os quais alinhariam minha vida com a vontade de Deus. Jim se sentou ao meu lado e, ombro a ombro, fizemos esse exercício juntos.

Hoje, tanto Jim quanto eu ainda direcionamos nossa vida de acordo com aqueles objetivos que foram escritos com o coração cheio de esperança — objetivos que ajudaram a simplificar nossas escolhas na vida; objetivos que permitiram que eu apoiasse meu marido e influenciasse minhas filhas; objetivos que me capacitaram a causar um impacto tanto nas mulheres de minha igreja quanto naquelas de fora de minha congregação.

Por que os objetivos são uma parte importante para fazer as escolhas certas? Ou uma melhor forma de dizer isso talvez seja: Por que os objetivos são vitais para me ajudar a fazer as *melhores* escolhas na vida? Porque eles ajudam você a definir seu propósito. Como filha de Deus, você não quer perder nem mesmo a menor parte da vontade e do propósito de Deus para você.

É verdade que a pessoa mais pobre de todas não é aquela que não tem ouro, mas aquela que não tem objetivos. Sei por experiência que a vida para uma mulher sem objetivos não tem sentido nem propósitos relevantes. E, sem objetivos, não só caminhamos sem direção, mas também não causamos impacto! Contrastando com esse cenário, posso dizer que os objetivos lhe dão direção e propósito e a ajudam a saber como melhor usar seu tempo e energia — portanto, transformam você em uma mulher que causa impacto.

OITO ÁREAS DA VIDA QUE REQUEREM OBJETIVOS

Já foi dito: "Se você não sabe para onde está indo, então qualquer estrada a levará até lá". Ou em outras palavras: "Se você não faz a menor ideia do que quer com sua vida, qualquer escolha será boa". Certamente, você terá de fazer escolhas. No entanto, será que está tomando as decisões certas? Quem sabe responder a essa pergunta? Sem direção para sua vida, você não pode nem mesmo saber se está ou não no caminho certo até que provavelmente seja tarde demais. Você pode fazer a pior escolha possível para sua vida, mas, sem os objetivos para guiá-la, não fará a menor ideia se suas escolhas a movem para a frente... ou para trás. E, como as escolhas têm consequências, você pode acabar com resultados que tornam sua vida pior, em vez de melhor.

No entanto, as coisas não precisam ser desse jeito. Você não precisa mover-se de forma cambaleante ao longo de sua vida. Quando você estabelece seus objetivos com base nas prioridades de Deus, será capaz de determinar as escolhas que devem ser feitas. Comecemos com as oito áreas da vida que são prioridades-chave para seu tempo e atenção: espiritual, intelectual, física, social (tratadas neste capítulo), vocacional, financeira, familiar e ministerial (tratadas no capítulo seguinte).

1. Área espiritual

Sua saúde espiritual é essencial — o segredo — para ser uma mulher que faz as escolhas certas. A maturidade espiritual é o ponto de partida para toda a sua vida, incluindo fazer as melhores escolhas possíveis. E tem mais: você não pode compartilhar com os outros o que não tem. E a coisa mais importante para compartilhar com os outros é sua vida vibrante e intensa em Cristo.

Você e eu temos de aprender que o crescimento espiritual não é opcional. Na realidade, as Escrituras nos ordenam a crescer em graça e conhecimento (2Pedro 3:18). Para ser saudável, o exercício espiritual, como o físico, tem de ser contínuo. Portanto, considere intensificar seus esforços. Você jamais poderá viver da espiritualidade passada.

Eis algumas escolhas que você pode fazer para "exercitar-se" a fim de alcançar maior crescimento espiritual:

- Certifique-se de sua Bíblia estar sempre à mão. Leia-a todos os dias... e leve-a com você aonde quer que vá.
- A Bíblia diz que você deve orar com frequência, de modo fervoroso, constante, contínuo, sem cessar e sobre toda e qualquer coisa. Portanto... ore!
- Frequentar a igreja é essencial. Não desista de sua busca até encontrar uma igreja que promova seu crescimento espiritual.

- Os cristãos maduros podem ajudar você a crescer. Busque uma mulher que possa atuar como sua mentora.

Não se preocupe com o fato de não ter tempo para essas disciplinas espirituais. Você ficará agradavelmente surpresa ao descobrir que, quando você toma conta de sua vida espiritual, todas as outras partes de sua vida ficam alinhadas e organizadas. C. S. Lewis, famoso escritor cristão, observou: "Objetive o céu, e você conquistará a terra também".

2. Área intelectual

Diz-se que a mente é como os músculos; precisa ser exercitada. Use seus músculos, e você aumentará sua força. Use sua mente, e você aumentará sua capacidade mental. Deus quer que você seja transformada *pela renovação da mente* para que possa conhecer e cumprir a vontade do Senhor (cf. Romanos 12:2).

Como você pode desenvolver sua mente? A forma mais simples e efetiva *é a leitura*. Não requer nem prática nem habilidade! No entanto, temos de ler com propósito e discernimento.

Uma passagem central das Escrituras que nos aponta para a importância da mente é Romanos 12:2: *E não vos amoldeis ao esquema deste mundo, mas sede transformados pela renovação da vossa mente, para que experimenteis qual seja a boa, agradável e perfeita vontade de Deus.* Siga-me nestas palavras:

- **Deus faz uma advertência** — *não vos amoldeis ao esquema deste mundo.* Perceba isso ou não, seu mundo — a sociedade, o ambiente físico — trabalha para pressioná-la a fim de que você se conforme ao seu molde, à sua imagem. Você é bombardeada todos os minutos de todos os dias com as influências do mundo. Deus conhece os atrativos malignos e poderosos deste mundo, portanto ele a adverte de prestar atenção e ter consciência do que poderia acontecer.

- **Deus, a seguir, apresenta uma escolha** — *sede transformados.* Amo dizer o seguinte: "Um problema definido é metade de um problema resolvido". Portanto, agora já sabemos o que enfrentamos (a pressão do mundo) e temos uma escolha. Podemos escolher continuar felizes em nosso caminho, fazendo concessões em relação a nossas crenças e padrões bíblicos, sendo moldadas em uma imagem espelhada do mundo que nos rodeia. Ou podemos escolher sermos mudadas — transformadas, termo que no original grego das Escrituras significa "metamorfose". A metamorfose é o que acontece quando uma larva horripilante se transforma em uma bela borboleta. Essa mudança espetacular, essa transformação, é o que Deus deseja para nós. Portanto, a pergunta agora é esta: "Como?".

- **Deus apresenta uma solução** — *pela renovação da vossa mente*. Você será transformada à medida que sua mente for renovada pelo estudo e meditação das Escrituras. É óbvio que a melhor forma para renovar sua mente é alimentar-se continuamente das verdades da Palavra de Deus. À medida que você lê, estuda, memoriza e medita sobre a Palavra de Deus, o Espírito Santo muda sua atitude, seu pensamento e por fim suas ações.

- **Deus, por fim, mostra o resultado** — *para que experimenteis qual seja a boa, agradável e perfeita vontade de Deus*. Você, com a Palavra de Deus em seu coração e mente, será capaz de *distinguir entre o bem e o mal* (Hebreus 5:14), entre o correto e o errado — a fim de reconhecer, escolher e viver a vontade de Deus.

Na Bíblia (e ao longo de toda a história do cristianismo), o desenvolvimento mental sempre começa com a leitura e o estudo da Bíblia. Portanto, transforme a Bíblia em sua prioridade. Use sua mente da melhor forma possível e com o melhor conteúdo. Quanto mais você ler sua Bíblia e outros livros cristãos, mais crescerá na esfera espiritual e intelectual.

3. Área física

Cresci com três irmãos e um pai que foram jogadores e treinadores de futebol americano. Eles citavam sem cessar Vitor Lombardi, um dos maiores treinadores do time Green Bay Packers. Uma das citações favoritas era esta: "A fadiga transforma todos nós em covardes". Esse técnico legendário sabia que, conforme 1Timóteo 4:8 afirma, o *exercício físico é proveitoso para pouca coisa*.

Para ajudá-la a fazer escolhas melhores na área física de sua vida, eis três verdades provenientes da Palavra de Deus:

- Seu corpo é um *mordomo* de Deus.
- Seu corpo é o *templo* do Espírito Santo.
- Seu corpo foi feito para *glorificar* a Deus (1Coríntios 6:19,20).

É óbvio que Deus cuida de seu corpo e de sua saúde. Portanto, você precisa escolher cuidar bem de seu físico. Seguem algumas sugestões:

- *Fique alerta em relação ao pecado.* Lemos em Salmos 32:3-5 o que aconteceu com a saúde física de Davi quando ele falhou em confessar seu pecado. Seu corpo sofreu, seus ossos foram consumidos, ele sentia o peso da mão do Senhor sobre ele de dia e de noite, e sua energia se esgotou.
- *Caminhe pelo Espírito.* Uma virtude do *fruto do Espírito* que você desfruta quando caminha em obediência ao Espírito de Deus é o *domínio próprio* (Gálatas 5:22,23). O domínio próprio capacita você a cuidar melhor de si mesma.
- *Pese-se todos os dias.* Se a flecha estiver apontando para o lado errado, então siga na direção *correta* acompanhando as próximas sugestões.
- *Cuide daquilo que você come.* O apóstolo Paulo disse que temos de fazer com que nosso corpo seja nosso "escravo" *(*1Coríntios 9:27). Uma forma óbvia de fazer isso é cuidar tanto da qualidade quanto da quantidade de alimentos que você ingere (Daniel 1:12-15).
- *Exercite-se regularmente.* Você não precisa ficar sócio de uma academia e malhar por horas a fio todos os dias. No entanto, talvez possa se comprometer a fazer caminhadas com uma amiga ou com seu marido — ou levar o bebê para fazer uma caminhada. Afinal, algum proveito o exercício corporal tem (1Timóteo 4:8).

- *Lembre-se de sua mordomia.* A Bíblia deixa claro que nem sua vida nem seu corpo pertencem a você. Você foi comprada por um preço — um alto preço! — por Jesus Cristo. Portanto, trabalhe para ser uma boa administradora desse bem que Deus lhe deu (1Coríntios 6:19,20).
- *Vença a batalha.* Um dos segredos do apóstolo Paulo para seu notável ministério e impacto duradouro encontra-se na declaração referente ao próprio corpo: *... aplico socos no meu corpo e o torno meu escravo* (1Coríntios 9:27). Paulo via seu corpo como um oponente que devia ser conquistado a todo custo — ou, caso contrário, ele seria dominado. O que você anda fazendo para vencer a batalha contra seu corpo? O ex-presidente dos Estados Unidos, Harry S. Truman, disse: "Ao ler sobre a vida dos grandes homens, descobri que a primeira vitória que eles tiveram de vencer foi sobre si mesmos. [...] A autodisciplina veio primeiro para todos eles".

4. Área social

Essa seção não diz respeito às festas e reuniões sociais. Não! Ela trata dos relacionamentos e das amizades. As escolhas que você faz nessa área prioritária de sua vida são tão essenciais que já dediquei todo um capítulo a elas. Há, no entanto, alguns outros pensamentos sobre esse assunto.

Você e eu estamos em contato constante com as pessoas — em casa, na igreja, na comunidade... a lista é longa. No entanto, você precisa ter cuidado para não ser culpada de ter muitas amizades do tipo errado e poucas do tipo correto.

Portanto, como determinar o nível de importância desses contatos? Em outras palavras, como priorizar sua família, amizades e conhecidas e conhecidos? Certifique-se de que você está na trilha correta em sua vida social e considere os quatro tipos distintos de pessoas ou relacionamentos dos quais sua vida se compõe:

- **Nível 1:** sua família. Depois de seu relacionamento com Cristo, sua família é sua prioridade *máxima*. Jamais sacrifique seu relacionamento com sua família por qualquer outro relacionamento menor. Cristo disse: *Pois que adianta ao homem ganhar o mundo inteiro e perder a vida?* (Mateus 16:26). Quando se trata da família, aplico as palavras de Cristo de uma forma um tanto distinta: "Pois que adianta **uma mulher** ganhar o mundo inteiro e perder sua **família?**". A família deve ser preciosa para você. Portanto, você deve fazer escolhas que afirmem que os membros de sua família são sua prioridade. Mesmo depois de seus filhos crescerem e saírem de casa, eles ainda continuam sendo a prioridade máxima em sua vida.

- **Nível 2:** as amizades. As amizades são dádivas de Deus, e você deve cultivá-las, especialmente aquelas que a encorajam em sua fé e lhe dão conselhos bons e proveitosas. A Bíblia afirma: *Como se afia o ferro com outro ferro, assim o homem afia seu amigo* (Provérbios 27:17). Esse é o tipo de amizade de que você precisa: pessoas que exercerão uma influência afiadora sobre você.

  A que se assemelha tal amizade? Já examinamos aqui anteriormente Davi e Jônatas, cuja amizade nos fornece um modelo a ser seguido. Esses dois homens tinham algumas coisas em comum — eles...

  - submetiam-se à mesma autoridade,
  - conheciam o mesmo Deus,
  - seguiam o mesmo caminho,
  - ansiavam pelas mesmas coisas,
  - tinham os mesmos sonhos,
  - desejavam as mesmas experiências de santidade e adoração
  - e fortaleciam e encorajavam um ao outro em Deus.

- **Nível 3:** os colegas de trabalho. Talvez você trabalhe com outras pessoas todos os dias. Portanto, talvez queira fazer um esforço para edificar relacionamentos com seus colegas de trabalho. Quanto mais você permitir que eles observem suas palavras e ações, mais claramente verão a imagem de Jesus estampada em sua vida. Lembre-se: nenhum contato equivale a impacto zero!

E seja especialmente cuidadosa no nível de sua interação com os homens no trabalho. Vale aqui lembrar uma passagem da Bíblia sobre não brincar com fogo (cf. Provérbios 6:27-29).

- **Nível 4:** os vizinhos e os desconhecidos. Seja amigável com todas as pessoas que você encontra ao longo de seu dia. Dê um sorriso, ofereça uma palavra de encorajamento, estenda a mão. Mostre aos outros o amor de Cristo. E em especial seja uma boa vizinha. O mesmo que dissemos sobre os colegas de trabalho também se aplica aos vizinhos — nenhum contato equivale a impacto zero!

Quando se trata de sua vida social, esteja disposta a ir até os confins da terra, se necessário, para encontrar os relacionamentos que a acompanharão por toda a vida ou a estimularão. E, inversamente, evite a todo custo (como a praga proverbial!) qualquer pessoa que a diminua ou a enfraqueça (1Coríntios 15:33).

Planejando um curso para sua vida

Sim, 31 de agosto de 1974 foi um dia memorável para mim. Deu à minha vida um tremendo impulso... e na direção correta. As coisas aconteceram de forma rápida e determinada, mas no bom sentido. Eu poderia ter escolhido seguir em muitas outras direções. Na verdade, isso descreve o que minha vida era antes de eu me converter a Cristo. Mas desde aquele dia venho escolhendo focar aquilo que é realmente importante. Tenho um propósito que vai além — muito além — de mim mesma!

Os objetivos que escolhi me fizeram deixar de ser aquela que só recebe para ser aquela pessoa que serve como recurso. Veja bem, no passado meus desejos egoístas não passavam disto: egoísmo. No entanto, à medida que comecei a focar a glória de Deus e conformar-me a ela, planejando minha vida para esse objetivo, descobri que queria servir e ajudar minha família e outras pessoas, atuando em nome de Deus na vida dessas pessoas.

Antes de passar para o capítulo seguinte e completar as oito áreas prioritárias em sua vida, faça uma pequena reflexão sobre seus objetivos e registre-os por escrito. Nunca é tarde demais. Assim que você der esse passo fundamental, descobrirá o seguinte:

- Os objetivos ajudam a definir o propósito de sua vida.
- Os objetivos ajudam a desenvolver um conjunto de prioridades para sua vida.
- Os objetivos ajudam a determinar o foco para sua vida.
- Os objetivos ajudam a orientar cada dia de sua vida.

As diretrizes de Deus para você fazer as escolhas certas... sobre suas prioridades (parte 1)

As diretrizes apresentadas a seguir ajudarão você a caminhar ao longo de seu dia, confiante de que está buscando fazer as escolhas certas.

- Sua vida espiritual — *Por acaso o Senhor exige de ti alguma coisa além disto: que pratiques a justiça, ames a misericórdia e andes em humildade com o teu Deus?* (Miqueias 6:8) e *Andai pelo Espírito e nunca satisfareis os desejos da carne* (Gálatas 5:16).

- Sua vida intelectual — *O temor do Senhor é o princípio do conhecimento* (Provérbios 1:7).

- Sua vida física — *Pois o exercício físico é proveitoso para pouca coisa, mas a piedade é proveitosa para tudo, visto que tem a promessa da vida presente e da futura* (1Timóteo 4:8).

- Sua vida social — *Amigos vêm e vão, mas o verdadeiro amigo é mais próximo que um irmão* (Provérbios 18:24, A mensagem).

capítulo **doze**

PRATICANDO SUAS PRIORIDADES
Parte 2

> Procura apresentar-te aprovado diante de Deus, como obreiro que não tem de que se envergonhar, que maneja bem a palavra da verdade.
> — 2Timóteo 2:15

Só demorou duas horas, mas, quando acabou, eu tinha uma cópia impressa de um conjunto tangível de diretrizes que me auxiliariam nas escolhas que eu faria para o restante de minha vida. Estou me referindo àquele dia memorável ao qual me referi no capítulo anterior.

Bem, escrever aqueles objetivos foi a parte mais fácil. A seguir, eu teria os anos à minha frente para praticar as escolhas intencionais que fizera! Veja bem, sua vida é uma questão de administração. Você tem responsabilidades, papéis e compromissos que devem ser administrados fielmente. E os objetivos a fazem prestar contas de uma forma muito visível para que você leve uma vida cujo sentido é honrar Deus. Assim que coloquei no papel o que acreditava que Deus queria que eu fizesse (e o que eu sonhava em fazer para ele), comprometi-me a viver de acordo com essas prioridades. Como Timóteo na passagem das Escrituras citada anteriormente, eu estava sendo desafiada a me apresentar a Deus como uma boa administradora da vida que ele me dera.

O desejo de meu coração é ser uma mulher que possa dar um testemunho positivo de Deus — e tenho certeza de que você se sente da mesma maneira. E, portanto, você deve ponderar o seguinte: *Como posso fazer o meu melhor para ser mais diligente?* E é aí que a busca pela vontade de Deus entra. Faça a oração de Jesus. *Não seja feita a minha vontade, mas a tua* (Lucas 22:42). Depois, à medida que começar a entender as prioridades que Deus delineou para sua vida, você será capaz de estabelecer objetivos que a ajudarão a cumprir a vontade de Deus. E é isso o que significa ser aprovada por Deus.

Lembre-se: *tão importante quanto compreender o plano de Deus para seus dias e anos e estabelecer objetivos alinhados a esse plano, é fazer escolhas para cumprir a vontade do Senhor.* Assim que estabelecer seus objetivos, você poderá começar a alcançá-los.

OITO ÁREAS DA VIDA QUE REQUEREM OBJETIVOS

Até agora já examinamos quatro das oito *áreas* da sua vida que requerem objetivos: espiritual, mental, física e social. Agora, examinaremos as últimas quatro áreas: vocacional, financeira, familiar e ministerial.

5. Área vocacional

A vocação de algumas mulheres é serem donas de casa e mães. Para outras mulheres, a vocação envolve trabalhar em casa (da mesma forma que acontece comigo, como escritora) ou trabalhar fora em um escritório, fábrica ou outro tipo de organização. Quer você atue em casa quer em outro local de trabalho, a *Bíblia* oferece diretrizes para você seguir nessa área. Deus quer que você faça todo trabalho de uma forma que o glorifique (1Coríntios 10:31). Você faz isso da seguinte maneira:

- buscando a excelência (Colossenses 3:23,24);
- tendo alegria e sentindo-se satisfeita com o que você tem (1Timóteo 6:8);
- submetendo-se a seu chefe (Efésios 6:5-8);
- sendo uma serva para as outras pessoas (Gálatas 5:13).

Em outras palavras, a qualidade de seu trabalho será excelente se você trabalhar com o coração, como se estivesse trabalhando para o Senhor. Seja em casa, seja em ambiente externo, siga esta instrução: *E tudo quanto fizerdes, fazei de coração, como se fizésseis ao Senhor e não aos homens, sabendo que recebereis do Senhor a herança como recompensa; servi a Cristo, o Senhor* (Colossenses 3:23,24).

6. Área financeira

Esta pode ser uma área difícil para os casais. Espero que vocês estejam fazendo juntos as escolhas financeiras. No entanto, quer você seja casada, quer solteira, o planejamento orçamentário é o primeiro passo da administração financeira. Depois, siga adiante e faça escolhas que a capacitem a viver dentro de seus limites. O orçamento a ajudará a tornar mais claras suas escolhas. Você deve ou não comprar aquela roupa nova? O que o orçamento lhe diz? Ele pode lhe dizer não!

E há também a escolha importantíssima sobre fazer doações a Deus. É verdade — e sensato — saber que tudo o que você tem lhe foi confiado por Deus. E ele pede que você devolva parte disso. O Antigo Testamento diz a você — e a todos os cristãos — *Honra o Senhor com teus bens e com as primícias de toda a tua renda* (Provérbios 3:9). O Novo Testamento nos aconselha a separar o que puder regularmente e a contribuirmos de acordo com o nosso ganho (cf. 1Coríntios 16:2) para doar a fim de ajudar a suprir as necessidades da igreja, *não com tristeza nem por constrangimento, pois Deus ama a quem contribui com alegria* (2Coríntios 9:7).

Duas disciplinas — doar e economizar — serviram nossa família muito bem ao longo dos anos. Por termos algum dinheiro separado em uma conta poupança, estamos mais bem preparados para os períodos de incerteza e as emergências. (Acredite em mim: tivemos de recorrer a essa poupança em vários momentos de incerteza!)

Eis algumas sugestões para você lidar com suas finanças da forma como Deus deseja. Você notará que a linha espiritual se entrelaça até mesmo em sua vida financeira. Assim, você precisa ter:

- **Equilíbrio.** O escritor de Provérbios pediu para que Deus não lhe desse *nem a pobreza nem a riqueza: dá-me apenas o pão de cada dia* (Provérbios 30:8).

- **Confiança.** Um dos maiores problemas (e tenho certeza de que você se identifica com ele) é confiar. Pondero: *Será que posso confiar em Deus no que diz respeito* à *minha vida e às minhas finanças?* Jesus nos dá a resposta: *Não fiqueis ansiosos quanto à vossa vida, com o que comereis, ou com o que bebereis; nem, quanto ao vosso corpo, com o que vestireis. Não é a vida mais do que o alimento, e o corpo, mais do que o vestuário?* (Mateus 6:25).

    O escritor de Provérbios nos faz a seguinte admoestação: *Confia no Senhor de todo o coração, e não no teu próprio entendimento* (Provérbios 3:5). Agradeça regularmente ao Senhor pelo fato de poder confiar nele, o Criador de todas as coisas, no que diz respeito a suas finanças.

- **Maturidade.** Como você responderia se eu dissesse que seu talão de cheques revela onde está seu coração? A forma como você lida com seu dinheiro demonstra seu foco e sua maturidade espiritual? Examine seu talão de cheques ou extrato do cartão de crédito. O que ele mostra? Dinheiro gasto com frequência em prazeres, *hobbies* e coisas pessoais? Ou dinheiro doado com regularidade para a obra de Deus? Lembre-se sempre de que...

    - A forma de usar suas finanças revela a quem você serve.
    - Não é possível servir a Deus e ao dinheiro (Mateus 6:24).
    - O foco de suas finanças revela o foco de seu coração (Mateus 6:21).

Jamais se esqueça de que o seu dinheiro não é seu. É o dinheiro *de Deus*, e você é uma mera administradora dos bens do Senhor.

- **Contentamento.** Com respeito às finanças, o apóstolo Paulo foi capaz de dizer: *Sei passar necessidade e sei também ter muito; tenho experiência diante de qualquer circunstância e em todas as coisas, tanto na fartura como na fome; tendo muito ou enfrentando escassez* (Filipenses 4:12). Tente dizer *não* a si mesma com maior frequência no departamento das "coisas". Procure ficar satisfeita com o que você tem. Busque ficar feliz com o que as outras pessoas têm. Experimente alegrar-se apenas com *alimento e roupa* (1Timóteo 6:8) e encontrar satisfação na *piedade* (1Timóteo 6:6). Bem, minha amiga, isso tudo já é um ganho enorme tanto na área financeira quanto na área espiritual.

- **Orçamento.** Quando você escolhe fazer e seguir um orçamento, demonstra ter sabedoria e exercitar o *domínio próprio*, um aspecto do fruto do Espírito (Gálatas 5:22). O orçamento é um plano para refrear o fascínio de nossa sociedade dirigida por necessidades. Ele a ajudará a ver claramente como você deve administrar os recursos de Deus. Pergunte a algum conselheiro financeiro qual é o primeiro passo para a liberdade financeira. Você provavelmente ouvirá: "Faça um orçamento... e siga-o!".

7. Área familiar

Nunca é demais enfatizar que a família deve ser a prioridade absoluta em sua lista, vindo apenas depois de seu relacionamento com Deus. E, se você for casada, o amor por sua família começa com o amor por seu marido. Quando você escolhe deliberadamente concentrar-se no amor e na atenção ao Senhor, os outros relacionamentos familiares entram nos eixos.

Se tiver filhos, torne-se o que costumo chamar de mãe "fervorosa" — uma mãe que realmente se importa com os filhos. Comprometa-se a amar, liderar, ensinar, educar e até mesmo disciplinar seus filhos.

Eles devem receber o maior investimento de seu tempo e energia — bem como de suas orações.

E existem outras pessoas importantes. Não se esqueça dos parentes de seu marido. Os pais de seu marido devem ocupar um lugar elevado em sua lista de prioridades. Faça o que for necessário para ser uma nora amorosa, atenciosa e respeitadora.

Além disso, quer você seja casada quer não, você tem pais e/ou pais adotivos. Honre-os. Faça o melhor possível para demonstrar seu amor por eles. Passe tempo e mantenha contato com eles. A maioria das mulheres tem uma irmã — mais velha ou mais moça —, um papel maravilhoso que merece seu tempo. E uma de minhas atividades favoritas é observar as tias sendo amigas dos sobrinhos, mimando-os, gastando tempo com eles e influenciando-os. Deus lhe deu uma rica lista de parentes — a família — para que você os ame e os aprecie. E, mesmo que você não tenha uma família, tem a bênção que Deus lhe oferece por intermédio de toda a família do Senhor.

8. Área ministerial

O que uma mulher temente a Deus faz? Ela serve — da mesma maneira que outras mulheres da Bíblia serviram. Algumas mulheres ajudaram Jesus, uma mulher chamada Dorcas ajudava as viúvas, e as mulheres da igreja de Éfeso ajudavam a cuidar das necessidades dos membros daquela igreja.[1] Talvez você não tenha certeza de qual é sua área do ministério e de quais são seus talentos, mas, até que os conheça, sirva *às outras pessoas* do fundo de seu coração. Sirva a todos que cruzarem seu caminho. A boa notícia é que o serviço e as boas obras fazem parte de um ministério que você pode iniciar agora mesmo. Não se exige capacitação para que você seja serva. Portanto, escolha servir! Conforme a Bíblia a exorta: *Assim, enquanto temos oportunidade, façamos o bem a todos, principalmente aos da família da fé* (Gálatas 6:10).

Além das boas obras decorrentes de seu serviço físico, busque descobrir o que a Bíblia denomina *dons espirituais* (1Coríntios 12:1-11). Esses *dons* são capacitações espirituais dadas às pessoas cristãs por meio do ministério do Espírito Santo (1Coríntios 12:7).

Como você pode saber quais são seus dons espirituais? Comece servindo. Seja fiel e cresça espiritualmente. À medida que servir, descobrirá as áreas de seus talentos. Os dons espirituais, como os talentos físicos e habilidades, são discernidos e desenvolvidos à medida que são usados.

TORNANDO-SE UMA MULHER DE INFLUÊNCIA

Querida amiga, estou pensando em você neste exato minuto. Nos primeiros 28 anos de minha vida, tive apenas duas prioridades — eu e eu mesma! Imploro a você: por favor, não ande à deriva na vida sem uma *bússola ou uma causa* definida. Outras pessoas dependem de sua presença e de sua influência. Tenha metas. Faça a escolha de estabelecer seus objetivos. Direcione sua vida e suas atividades para o alvo do sublime chamado de Deus para sua vida. Saiba para onde você se dirige e como pode chegar até lá. Se cuidar das prioridades que Deus lhe deu for uma escolha que você está disposta a fazer, então, sem a menor sombra de dúvida, sua vida causará impacto na vida dos outros.

À medida que terminamos esses dois capítulos sobre escolher praticar suas prioridades, não posso deixar de pensar no princípio ensinado pelos gregos da Antiguidade. Eles se preocupavam com o desenvolvimento da pessoa como um todo. Consideravam qualquer homem ou mulher como menos íntegro se alguma parte de seu corpo, alma ou espírito estivesse subdesenvolvida.

Acho que posso dizer com segurança que a escolha de estabelecer objetivos e praticar o plano de Deus para as oito áreas da vida que acabamos de examinar tornarão você não apenas uma mulher íntegra, mas também uma mulher de influência com impacto duradouro. Eis algumas escolhas que você pode fazer para começar:

- Escolha separar tempo para estabelecer alguns objetivos em cada uma dessas oito áreas da vida. E que tal fazer isso hoje mesmo?

- Escolha realizar diariamente atividades que ajudarão você a alcançar seus objetivos nessas áreas de sua vida. Coloque-as em sua lista de coisas a serem feitas.
- Escolha rever seus objetivos, especialmente quando você ora.
- Escolha manter seu foco naquilo que realmente importa — suas prioridades.

As diretrizes de Deus para você fazer as escolhas certas... sobre prioridades (parte 2)

As diretrizes apresentadas a seguir ajudarão você a caminhar ao longo de seu dia, confiante de que está buscando fazer as escolhas certas.

- Sua vida vocacional — *Portanto, seja comendo, seja bebendo, seja fazendo qualquer outra coisa, fazei tudo para a glória de Deus* (1Coríntios 10:31).

- Sua vida financeira — *Muito bem, servo bom e fiel; foste fiel sobre pouco; sobre muito te colocarei; participa da alegria do teu senhor!* (Mateus 25:21) e *Além disso, o que se requer de pessoas assim encarregadas é que sejam encontradas fiéis* (1Coríntios 4:2).

- Sua vida familiar — [A mulher virtuosa] *administra os bens de sua casa e não se entrega à preguiça* (Provérbios 31:27).

- Sua vida ministerial — *... para que ensinem as mulheres novas a amarem o marido e os filhos* (Tito 2:4).

capítulo **treze**

CONTANDO COM A ORIENTAÇÃO DE DEUS

> Confia no Senhor de todo o coração,
> e não no teu próprio entendimento.
> Reconhece-o em todos os teus caminhos,
> e ele endireitará tuas veredas.
> — Provérbios 3:5,6

Caminhamos bastante, não é mesmo? Quando você separa um minuto para pensar sobre suas escolhas e quão sérias podem ser suas consequências, isso dá o que pensar, certo? E espero que você tenha recebido a seguinte mensagem de forma clara e em alto e bom som: reconhecer a importância de cuidar para fazer as escolhas certas. Essa é a razão pela qual gastei tanto tempo neste livro apresentando o que a Bíblia diz sobre as decisões que você deve tomar.

Não existe fórmula fácil e rápida que eu ou qualquer outra pessoa possa dar para prepará-la totalmente para fazer as escolhas certas. Existem muitas variáveis e circunstâncias que só podem ser avaliadas por você à medida que faz suas escolhas pessoais. No entanto, sem as diretrizes, seu processo de tomada de decisões pode se assemelhar ao arremesso de dardos em um alvo, ou você pode sentir-se estupefata diante das tantas opções e escolhas. Pode ser desesperador. Contudo, com algumas diretrizes da Palavra de Deus em mãos, você pode determinar como fazer melhores escolhas.

Veja bem, as escolhas certas que você faz são o resultado de uma vida infundida por uma força interna. Essa força provém de viver segundo os princípios da Bíblia e, é claro, de fazer as escolhas certas — escolhas que honrem Deus —, atitude essa que exige que você esteja próxima de Deus.

Apenas conhecer as diretrizes para fazer as escolhas certas não quer dizer que não cometeremos enganos ao longo do caminho. É claro que haverá escorregões. Se você olhar em retrospectiva para o momento em que fez uma escolha errada, as chances são de que perceba que elas aconteceram em períodos em que seu coração não sentia fervor por Jesus. Em contrapartida, quando você caminha próxima do Senhor, é mais provável que faça as boas escolhas — ou até mesmo as melhores escolhas. A condição de seu relacionamento com Deus tem um efeito dramático nas escolhas que você faz.

SABENDO QUAIS SÃO AS ESCOLHAS CERTAS A FAZER

Como você pode manter seu amor por Jesus tão fervoroso a ponto de ser mais consistente para fazer as escolhas certas? Provérbios 3:5,6 representou uma tremenda ajuda em meu processo de tomada de decisões, fossem decisões que tinham de ser tomadas de imediato ou escolhas que exigiam um processo mais longo e intenso de oração regular e diligente. Talvez você já tenha ouvido esses dois versículos... e quem sabe já até os memorizou. Permita que Deus use esses versículos bastante conhecidos para levá-la a fazer as escolhas certas — para direcionar seus passos à medida que ele a orienta no caminho correto, no caminho do Senhor.

Confia no Senhor de todo o coração (Provérbios 3:5). Você já sentiu como se não existisse ninguém em quem pudesse confiar ou que compreendesse seus sentimentos quando você tem uma importante decisão a tomar? O sentimento de solidão é horrível. Parece que ninguém a entende. As amizades são de pouca ou nenhuma ajuda nesses momentos. É como se o peso do mundo estivesse sobre seus ombros. Você chega a esboçar uma oração: "Se houvesse alguém com quem eu pudesse conversar... alguém a quem eu pudesse confiar meus problemas e decisões...".

E, quando sua lista se esvazia, você conclui que não há ninguém que possa ajudá-la. Portanto, você faz a escolha sozinha, sem nenhuma informação ou ideia vinda de outras pessoas. Algumas vezes sua escolha é razoável. No entanto, em outros momentos ela resulta em um desastre.

Talvez você já esteja adivinhando o que vou dizer a seguir, não é? Isso mesmo! *Existe* alguém em quem você pode confiar 100% em 100% das escolhas que precisam ser feitas. Esse alguém é Deus. E o Senhor sabe 100% do tempo o que é 100% melhor para você. Ele é o melhor juiz para ajudá-la a perceber o que é certo, do que você precisa e o que é bom ou prejudicial para você; é melhor juiz que você mesma. Na realidade, ele é o melhor de todos!

Bem, minha amiga, a cada escolha que você fizer, desde as menores até as monumentais, você pode confiar e acreditar plenamente que Deus pode — e irá — ajudá-la a fazer a escolha certa. E é aí que confiar *no Senhor de todo o coração* (Provérbios 3:5) entra em ação. *De todo o coração* quer dizer sem reservas — com 100% ou *todo o* seu coração. Você pode confiar no Senhor para a salvação de sua alma, e pode confiar nele para direcionar sua vida.

... e não no teu próprio entendimento (Provérbios 3:5). Deus não lhe pede para desistir de sua habilidade de pensar e raciocinar. No entanto, ele lhe *pede* para ouvir sua consciência, a sabedoria da Palavra de Deus e o estímulo do Espírito Santo, junto com o conselho sábio.

Posso testificar como é fácil fazer as escolhas equivocadas. Você provavelmente já conhece o cenário. Você tinha um desejo. E ouviu as pessoas erradas — ouviu a todos, menos a Deus. Excluiu totalmente Deus (de forma intencional ou não) e também os recursos que ele lhe deu (como sua Palavra e a oração) para ajudá-la a fazer as escolhas que precisava fazer. Em suma, estava confiando em seu próprio entendimento.

Medito nesse cenário familiar e vejo claramente por que Deus nos diz — isso mesmo, ele nos adverte sem meandros usando uma negativa: *... e não no teu próprio entendimento.* Em um mundo centrado no eu, Deus nos pede para desenvolver uma desconfiança saudável em relação a nós mesmas. Por mais difícil que seja admitir isso, simplesmente não somos capazes de guiar a nós mesmas. Foi isso o que o profeta Jeremias quis nos comunicar quando declarou: *Ó Senhor, eu sei que ao homem não pertence seu próprio caminho, nem lhe compete traçar seus passos* (Jeremias 10:23).

Reconhece-o em todos os teus caminhos (Provérbios 3:6). Como você reconhece a presença de uma amiga? Você a chama pelo nome. Acena. Sorri para ela e a cumprimenta. Corre até ela e fica feliz em vê-la. Reconhecer Deus é parecido. Ele sempre está acessível para nós, *está contigo, por onde quer que andares* (Josué 1:9). Portanto, certifique-se de estar sempre consciente de sua presença. A melhor maneira para fazer isso é orar. Clame a Deus. Corra até ele. Apresente em oração toda e qualquer decisão ao Senhor. Volte-se para ele em busca de ajuda com relação às escolhas que você precisa fazer. Cada uma delas é importante para Deus ... e deve ser para você também. Ele quer que você reconheça sua necessidade do conselho divino. Apenas ore com o coração sincero: "Meu Deus, o que o Senhor quer que eu faça?".

... e ele endireitará tuas veredas (Provérbios 3:6). Confiar em Deus e colocá-lo no centro de nossa vida faz que nos aproximemos dele, para receber a orientação quanto às escolhas que temos de fazer. Provérbios 3:6 revela que nossa tarefa é reconhecer Deus em tudo e buscar sua vontade. E a tarefa do Senhor é direcionar-nos e orientar-nos — a fim de tornar nosso caminho óbvio e reto. Um dos meus livros favoritos resume Provérbios 3:6 com estes sérios desafios:

> Cada área de nossa vida deve se voltar para o controle do Senhor. Não podemos ter nossa própria vontade, apenas um único e puro desejo de conhecer e cumprir a vontade do Senhor.

Se essas condições estiverem presentes, a promessa é que Deus proverá a orientação necessária. Ele pode fazer isso por intermédio da Bíblia, do conselho de cristãos tementes a Deus, da maravilhosa convergência das circunstâncias, da paz do Espírito em nosso íntimo ou da combinação de todos esses aspectos. No entanto, se esperarmos, ele tornará a orientação tão clara que, se a recusarmos, isso representará indesculpável desobediência.[1]

Assim que você faz as escolhas certas, deve confiar uma vez mais em Deus. Deve contar com ele para tirar as pedras de seu caminho, remover os obstáculos e capacitá-la a seguir em frente na direção da vontade do Senhor. E, por estar fazendo as escolhas certas, você desfrutará mais da vida e sofrerá menos. Você gosta dessa possibilidade?

AS BÊNÇÃOS DE CONFIAR EM DEUS

À medida que você lê cada uma das passagens abaixo, talvez queira pegar sua caneta e fazer um círculo nas bênçãos e nos resultados de confiar no Senhor de todo o coração.

> *Assim diz o SENHOR: Ide às ruas, olhai e perguntai pelos caminhos antigos, qual é o bom caminho, e andai por ele; e achareis descanso para vós. Mas eles disseram: Não andaremos nele* (Jeremias 6:16).

> *Pois eu bem sei que planos tenho a vosso respeito, diz o SENHOR; planos de prosperidade e não de mal, para vos dar um futuro e uma esperança* (Jeremias 29:11).

> *Mas buscai primeiro o seu reino e a sua justiça, e todas essas coisas vos serão acrescentadas* (Mateus 6:33).

> *E não vos amoldeis ao esquema deste mundo, mas sede transformados pela renovação da vossa mente, para que experimenteis qual seja a boa, agradável e perfeita vontade de Deus* (Romanos 12:2).

Se algum de vós tem falta de sabedoria, peça a Deus, que a concede livremente a todos sem criticar, e lhe será dada (Tiago 1:5).

SABENDO MAIS SOBRE O PERDÃO DE DEUS

Quando você leu os versículos apresentados anteriormente, alguma luz se acendeu em sua mente? Houve alguma revelação? Quando você pensa na decisão de fazer a vontade de Deus, as coisas são muito simples! Tudo o que precisa fazer é seguir Deus e confiar nele para cuidar de cada detalhe de sua vida. E o Senhor ficará muito feliz em ajudar você a fazer as escolhas certas. (E, é claro, todos nós sabemos que é mais fácil falar do que fazer!)

No entanto, há apenas um pequeno problema — na realidade, um grande problema: seu pecado. Você pode tentar tudo o que estiver ao seu alcance para ser obediente, mas, de tempos em tempos, certamente acabará escorregando. Talvez uma pequena mentira aqui e ali, uma fofoquinha, uma infração de trânsito. Sabe como é, pequenas coisas como essas. Ou talvez o escorregão cause uma grande transformação de vida. Talvez você tenha abortado, adulterado ou casado com alguém que sabia ser incrédulo.

Você pode andar suspirando e repetindo: *Não acredito que fiz isso. Como seguirei em frente? Como posso me acertar com Deus depois disso? Como Deus me perdoará?*

Bem, Deus, em seu amor, vem em nosso socorro e nos resgata novamente! Conforme o apóstolo Paulo explica em Efésios 1:7: *Nele* [em Jesus] *temos a redenção, o perdão dos nossos pecados pelo seu sangue, segundo a riqueza da sua graça.* Como cristã, seus pecados — pequenos ou grandes — foram perdoados quando você recebeu Jesus como Senhor e Salvador. Deus perdoa, mas você e eu temos de fazer nossa parte — temos de confessar e renunciar a nosso pecado. Temos de agir conforme 1João 1:9 nos ensina: *Se confessarmos os nossos pecados, ele é fiel e justo para nos perdoar os pecados e nos purificar de toda injustiça.*

Minha amiga, se você ainda não recebeu o perdão de seus pecados, lembre-se de que o Senhor pode perdoá-la. A seguir apresento uma oração simples que você pode dirigir a Deus para transformar sua vida.

> Jesus, sei que sou pecadora. Quero me arrepender de meus pecados, converter-me de meus caminhos e seguir o Senhor. Acredito que o Senhor morreu por meus pecados e ressuscitou vitorioso, sobrepujando o poder do pecado e da morte. Quero aceitar o Senhor como meu Salvador pessoal. Entre em minha vida, Senhor Jesus, e ajuda-me a obedecer ao Senhor de hoje em diante. Amém.

Que liberdade você tem e pode desfrutar como filha de Deus! O fardo de seu fracasso para viver para Jesus é retirado! O perdão de Deus a deixará viver a liberdade resultante do poder purificador de Jesus derramado sobre sua vida.

É HORA DE SEGUIR ADIANTE

Deus não é maravilhoso? Ele deu a você e a mim o dom da salvação por meio de seu Filho que continuamente nos oferece o perdão. Portanto, a questão sobre a qual você pondera talvez seja: *Como posso seguir em frente depois de ter falhado?*

Se houve alguém que teve uma boa razão para arrepender-se de coisas terríveis que fez ao longo da vida, esse alguém foi o apóstolo Paulo. Antes de ter seu encontro com Jesus, ele ajudou a apedrejar até a morte um homem justo chamado Estêvão (Atos 7:59—8:1). Também desempenhou um papel importante na perseguição aos cristãos (Atos 9:1,2).

Será que você consegue imaginar como Paulo se sentiu quando Jesus o fez se ajoelhar e lhe ofereceu o perdão completo e incondicional (Atos 9:3-6)? Paulo, contudo, sabia de uma coisa: ele precisava seguir em frente, crescer e servir a Deus de todo o coração daquele dia em diante. Nada mais de dias desperdiçados! Ah, Paulo, com certeza, teve arrependimentos e sentiu profunda tristeza por suas ações passadas. Ele, no entanto, também conseguiu declarar:

CONTANDO COM A ORIENTAÇÃO DE DEUS

> *Irmãos, não penso que eu mesmo já o tenha alcançado; mas faço o seguinte: esquecendo-me das coisas que ficaram para trás e avançando para as que estão adiante, prossigo para o alvo, pelo prêmio do chamado celestial de Deus em Cristo Jesus* (Filipenses 3:13,14).

Você, como Paulo, tem de fazer mais algumas escolhas. Tem de aceitar o perdão de Deus por seu passado. E tem de escolher se lembrar do perdão do Senhor todas as vezes que for tentada a recordar suas falhas passadas. E, como Paulo, você precisa escolher seguir em frente, esquecer o passado e prosseguir avançando para o futuro. Quando você confia no perdão de Deus, pode enfrentar os dias e os anos vindouros com empolgação e alegre expectativa do que Deus preparou para você.

Eis um encorajamento sobre seguir em frente: se você se desviou e pegou o caminho errado, pode, a qualquer momento, começar a caminhar por um caminho novo e correto — o caminho de Deus. E, mesmo se as consequências forem contínuas, Deus pode, e irá, lhe dar a graça para fazer o que é necessário a fim de endireitar sua situação e ajudá-la a viver com as consequências de seus atos. Você pode fazer tudo — incluindo seguir em frente, converter-se de seus caminhos, dar meia-volta para se distanciar de seu presente caminho errado — por intermédio de Cristo, que lhe dá força para isso (Filipenses 4:13).

Confie no Senhor... e siga em frente. Uma vida incrível está à sua espera!

As diretrizes de Deus para você fazer as escolhas certas... sobre contar com a orientação de Deus

As diretrizes apresentadas a seguir ajudarão você a caminhar ao longo de seu dia, confiante de que está buscando fazer as escolhas certas.

- Lembre-se sempre de que Deus a conhece e a ama — *Antes que eu te formasse no ventre te conheci, e antes que nascesses te consagrei* (Jeremias 1:5).

- Lembre-se sempre de que o Filho de Deus morreu por seus pecados — *Mas Deus prova o seu amor para conosco ao ter Cristo morrido por nós quando ainda éramos pecadores* (Romanos 5:8).

- Lembre-se sempre de que você é aceita por Deus por intermédio de seu Filho — *... para o louvor da glória da sua graça, que nos deu gratuitamente no Amado* (Efésios 1:6).

- Lembre-se sempre de que você é completa em Cristo — *... pois nele habita corporalmente toda a plenitude da divindade, e nele, a cabeça de todo principado e poder, tendes a vossa plenitude* (Colossenses 2:9,10).

- Lembre-se sempre de que você é uma obra em progresso e que um dia será perfeita — *E estou certo disto: aquele que começou a boa obra em vós irá aperfeiçoá-la até o dia de Cristo Jesus* (Filipenses 1:6).

UMA PALAVRA FINAL SOBRE ESCOLHAS:

Criando uma vida maravilhosa

Nos livros que li, os eventos que ocorrem na seção final denominada "Epílogo" em geral ocorrem algum tempo depois da escrita do texto principal — seis meses ou cinco anos depois. Essa é a forma de o autor concluir o relato e fazer os ajustes para que nada fique sem explicação e para que as "ponderações" do leitor possam ter um fim atraente.

Bem, neste epílogo, quero *voltar* no tempo — voltar à escolha que fiz no passado. Comecei este livro com uma cena em que eu trabalhava na cozinha quando Jim chegou do trabalho. (O que existe numa cozinha que faz que todos acabem se reunindo ali?) Conforme relatei, aquele foi um dia memorável — e envolveu uma escolha memorável —, ao sentar-me ali com Jim e discutir quanto a abraçar o ensino da Bíblia e testar esse novo tipo de ministério.

Aqueles foram momentos auspiciosos em minha vida. Eu sentia que tudo estava entrando nos eixos. Graças à Palavra de Deus para mim, esposa e mãe, eu já vinha trabalhando em meu casamento e família por uns bons dez anos. Não havia nenhuma luz piscando para me avisar sobre o que uma de minhas filhas estava sofrendo ou a calamidade que se aproximava. Parecia não haver nenhuma questão que exigisse minha atenção.

Portanto, com o encorajamento de meu marido e seu total apoio, aceitei o convite de minha igreja para participar de uma oficina, um *workshop*, em nosso ministério de mulheres recém-formado. E, ah, como cresci. E de muitas maneiras! E como Deus usou aquelas palavras hesitantes e sussurradas: "Aceito, Senhor", seguidas de um pedido feito imediatamente depois: "Senhor, ajuda-me!".

Conforme você já sabe, aquele foi um momento que representou uma guinada dramática, embora sutil, em minha vida e ministério.

Bem, deixe-me voltar para outra cena dez anos antes desse episódio — para outra escolha que eu havia feito.

Eu estava na mesma casa, na mesma cozinha.

Só que esse incidente ocorreu em meus tempos de escuridão — no período ao qual me refiro como "os dias tenebrosos". Isso mesmo, eu era cristã, apesar de recém-convertida. No entanto, lutava de forma implacável contra a depressão. Apesar de viver no ensolarado sul da Califórnia, o interior de nossa casa na Friar Street era sombrio. Eu chorava diariamente enquanto trabalhava na cozinha. Chorava todos os dias enquanto arrumava as camas, desejando que pudesse me deitar em uma delas e esconder minha cabeça sob as cobertas, achando que a nebulosidade que pairava sobre meu dia e meus pensamentos pudesse ir embora.

Mas, louvado seja o Senhor, certo dia, enquanto eu lavava os pratos naquela cozinha, reagi. Em vez de escorregar para aquele buraco negro da depressão mais uma vez, apeguei-me a algo que ouvira recentemente em uma conferência cristã. O palestrante afirmou apenas o seguinte: "Todos vocês devem memorizar as Escrituras".

Eu já comprara, com a melhor das intenções, um pacote com versículos para ajudar os cristãos a fortalecerem a fé e confiarem em Deus. E, até mesmo, naquela confusão que tomava conta de minha casa — e a maneira como eu cuidava dela —, eu sabia onde estava aquele pequeno pacote. Enxuguei as mãos, tirei o papel celofane que embrulhava o pequeno pacote e puxei o versículo número 1.

De volta à cozinha, pus aquele pequeno cartão no batente da janela acima da pia e comecei a memorizá-lo em meu coração. Pronunciei o versículo em voz alta e, depois, o dividi em frases e continuei repetindo aquelas frases para mim mesma, uma a uma, enquanto terminava de lavar a louça.

Se eu conhecesse mais sobre a Bíblia e seu conteúdo, poderia ter deparado com aquele versículo — que, por acaso, era Filipenses 4:8 — e pensei: *Meu Deus, esse versículo é muito l-o-o-o-o-n-g-o. E parece tão complicado! Acho que vou escolher outro, mais curto. Afinal, sou apenas uma iniciante nessa atividade.*

Mas não. A ignorância é uma bênção. Continuei abrindo caminho ao longo daquele versículo. E sem nenhum rufo de tambores nem raios ou trovões teatrais, aquele versículo se transformou em meu versículo revolucionário. Isso mesmo, esse versículo contém oito especificações do que Deus deseja de nosso pensamento. E encontrei ouro na primeira qualidade que o apóstolo Paulo escrevera para os amigos que sofriam: *Quanto ao mais, irmãos, tudo o que é verdadeiro [...], nisso pensai.*

Enquanto eu repassava vez após vez — e mais outra vez — essas sete palavras — *tudo o que é verdadeiro, [...] nisso pensai*, Deus usou sua Palavra para me mostrar um caminho através da escuridão e para longe de meus pensamentos tenebrosos. Eu deveria pensar apenas no que é verdadeiro.

Tudo o que posso dizer é que sou extremamente grata por ter escolhido buscar essa ajuda. Aquele pacote de versículos que me levou a uma explosão de vida e a uma transformação monumental em meu crescimento cristão e em minha saúde espiritual. Até hoje, ainda recito esse primeiro versículo memorizado quando percebo que meus pensamentos estão seguindo na direção de um buraco escuro. Não me surpreendo de aprender que, naquela época, fiz outra escolha — a de continuar memorizando os versículos das Escrituras, e esse se transformou em um hábito em minha vida.

Agora, vamos avançar a história para hoje. Neste momento de minha vida, Jim e eu moramos parte do tempo na região de Seattle, próximos de uma de nossas filhas, pois ela reside em Vancouver, BC, e parte do tempo no Havaí, próximos de nossa outra filha cuja família mora em Honolulu, onde seu marido serve à Marinha dos Estados Unidos.

Obviamente, se você já leu algum de meus livros, sabe que Jim e eu amamos morar em Washington, escondidos em meio a nossos gigantescos cedros, abetos e pinheiros e com vista para o Hood Canal, enquanto trabalho com calma, observando a majestosa montanha Rainier, sempre coberta de neve, e admirando uma águia voando aqui e ali, os salmões pulando e as focas cruzando esse braço de mar. Estamos rodeados por uma beleza inigualável em um cenário tranquilo — perfeito para dois escritores!

O Havaí, no entanto, é o completo oposto desse cenário. É a terra das encostas vulcânicas verdes e escarpadas, do orvalho nas montanhas, do sol abundante, das brisas tropicais quentes, das palmeiras balançando ao vento, das praias com areia branca e do oceano matizado de azuis marcado pelas linhas brancas das ondas boas para surfar. Como Washington, é também um lugar de paz, oferecendo um estilo de vida insular, mais relaxado — também perfeito para dois escritores criativos!

Não preciso dizer que estamos aprendendo muito sobre a cultura e os costumes havaianos. Aquilo que me vem à mente neste momento é a tradição de cumprimentar os convidados que chegam às ilhas com o *lei*. O *lei é* composto por uma grinalda de flores para ser colocada na cabeça e um colar de flores para ser ajustado em torno do pescoço, sempre seguido de um abraço, um beijo na bochecha e a saudação *Aloha*, que quer dizer "Olá e seja bem-vindo".

Essa tradição é tão amável que Jim e eu a adotamos quando convidados e familiares chegam para uma visita à ilha. No caminho para o aeroporto de Honolulu, uma breve virada para a esquerda nos leva à famosa fileira de barracas de *lei* ao ar livre. Dentro dessas barracas, mulheres da ilha sentam-se o dia todo com cestos de flores tropicais exóticas frescas e viçosas a seus pés. Cada uma dessas flores é escolhida para determinado propósito — para acrescentar colorido, complementar outra cor, indicar se o *lei* é para homens ou mulheres, adicionar fragrância ou formar um padrão intricado.

Minha amiga, pense a respeito de si mesma. Quero que carregue com você essa imagem de criar um intricado *lei* em sua mente à medida que atravessa seus dias de tomada de decisões. Quero que pense em si mesma como alguém que faz as escolhas de forma cuidadosa, deliberada e intencional, da mesma maneira que aquelas senhoras escolhem cada flor que colocarão em *leis* que nos maravilham.

Sei que seus dias são extremamente agitados. Contudo, cada escolha que você faz em meio ao caos tem um efeito poderoso sobre sua vida e a vida das pessoas ao seu redor. À medida que você caminha ao longo da vida, quero que você se retrate sentada ali, calma e tranquila, diante do Senhor, fazendo uma pausa enquanto examina todas as opções, orando por orientação e pensando em qual "flor" ou escolha você fará a seguir para criar seu *lei* mais belo e maravilhoso — um trançado de uma vida graciosa que reflita a paz, a ordem, a beleza e a bênção de Deus. Você será abençoada... como também o serão todas as pessoas que cruzarem seu caminho ou fizerem parte de sua vida. Sua vida será repleta da beleza e da fragrância do Senhor!

Ho`onani i ka Makua Mau. Âmene.
(Na língua falada no Havaí, o sentido é:
Louvado seja o Pai Eterno. Amém.)

NOTAS

Capítulo 1
1. FARRAR, Steve. *How to Ruin Your Life by 40*. Chicago: Moody, 2006.
2. FARRAR, Steve, *How to Ruin Your Life by 40*, p. 15.
3. WILSON, Neil S., ed. *The Handbook of Bible Application*. Wheaton, IL: Tyndale House, 2000, p. 86-87.

Capítulo 3
1. Veja 1Tessalonicenses 4:11; 1Timóteo 2:2; 1Coríntios 14:40; Provérbios 21:5; Provérbios 31:27.
2. ZUCK, Roy B. *The Speaker's Quote Book*. Citando *Teen Esteem Magazine*. Grand Rapids: Kregel, 1997, p. 165, como citado em GEORGE, Elizabeth. *A Young Woman's Guide to Making Right Choices*. Eugene, OR: Harvest House, 2003.
3. KIDNER, Derek. *The Proverbs*. Downers Grove, IL: InterVarsity Press, 1973, p. 42-43.
4. MAXWELL, John C. *Correndo com os gigantes*. São Paulo: Mundo Cristão, 2003.
5. PIPER, John. *Não jogue sua vida fora*. São Paulo: Cultura Cristã, 2006.

Capítulo 4
1. *Life Is Sweet*, calendário de 2012, ilustrado por Mary Engelbreit. Riverside, NJ: Andrews McMeel Publishing, 2011, 31 de agosto.
2. ZUCK, Roy B. *The Speaker's Quote Book* Grand Rapids: Kregel, 1997, p. 30.
3. MACARTHUR Jr., John. *2Timothy. The MacArthur New Testament Commentary*. Chicago: Moody Press, 1995, p. 162.

⁴ [NE] O guia de estudo deste livro está disponível para *download* no *site* da Editora Hagnos: http://www.hagnos.com.br

⁵ *God's Words of Life for Teens*. Grand Rapids: Inspirio, 2000, p. 29.

Capítulo 5

¹ Extraído de GEORGE, Elizabeth. *The Heart of a Woman Who Prays*. Eugene, OR: Harvest House, 2012, p. 23-39.

² GEORGE, Jim. *The Bare Bones Bible® Handbook*. Eugene, OR: Harvest House, 2006, p. 79.

Capítulo 6

¹ UNGER, Merrill E. *Unger's Bible Dictionary*. Chicago: Moody Press, 1972, p. 382.

² MACARTHUR, John. *Liberty in Christ*. Panorama City, CA: Word of Grace Communications, 1986, p. 88.

Capítulo 9

¹ Adaptado de GEORGE, Elizabeth. *Cultivating a Life of Character–Judges/Ruth*. Eugene, OR: Harvest House, 2002, p. 134.

² WHITE, Joe; WEIDMANN, Jim, eds. ger. *Spiritual Mentoring of Teens*. Wheaton, IL: Tyndale House, 2001, p. 525.

Capítulo 10

¹ NAISMITH, A. *12,000 Notes, Quotes, and Anecdotes*. London: Pickering & Inglis, 1975, p. 97.

² Baseado em excertos de GETZ, Gene A. *The Measure of a Woman*. Glendale, CA: Regal Books, 1977, p. 32, conforme citado em GEORGE, Elizabeth. *Growing in Wisdom & Faith–James*. Eugene, OR: Harvest House, 2001, p. 89.

³ *God's Words of Life for Teens*. Grand Rapids: Zondervan, 2000, p. 103.

Capítulo 11

¹ PETERSON, William. *Martin Luther Had a Wife*. Wheaton, IL: Tyndale House, 1983, p. 27.

² PETERSEN, Allan. *For Men Only*. Wheaton, IL: Tyndale House Publishers, 1974, p. 24.

Capítulo 12 - Parte 2
¹ Lucas 8:1-3; 24:1; Atos dos Apóstolos 9:36; 1Timóteo 5:3-10.

Capítulo 13
¹ MCDONALD, William. *Enjoying the Proverbs*. Kansas City, KS: Walterick Publishers, 1982, p. 24.

Guia de **estudo**

QUESTÕES PARA O ESTUDO
Como fazer escolhas certas

capítulo um
A VIDA É CHEIA DE ESCOLHAS

1. Compartilhei uma escolha realmente relevante que fiz alguns anos atrás, a qual mudou o rumo de minha vida. Faça uma pausa e pense em um tipo similar de escolha, do tipo "Jamais me esquecerei", que você tenha feito em sua vida. Qual foi o impacto dessa escolha em sua vida? E de que maneira suas prioridades foram redirecionadas por essa escolha?

   _____
   _____
   _____
   _____

2. Leia mais uma vez a seção intitulada As escolhas sempre resultam em consequências e a história da jovem Jane, conforme relatada pelo autor Steve Farrar. Como esse relato da vida real fala a você sobre a magnitude e o longo alcance de uma única escolha?

_____
_____
_____
_____
_____

3. Examine atentamente a seção "Observando as escolhas pelo espelho retrovisor". Será que algumas das frases que com frequência são incluídas na história de uma mulher se ajustam à sua vida atual? Em caso positivo, converse sobre isso com Deus. Admita para ele quaisquer escolhas erradas que você tenha feito. Depois peça para que ele lhe dê sabedoria a fim de ajudá-la a fazer as escolhas certas imediatamente. Ajude a reverter essa situação e complete a seguinte sentença:

"Hoje eu...

_____
_____
_____
_____
_____

4. Leia os versículos bíblicos listados a seguir e pense nas escolhas feitas por essas mulheres. Compartilhe o que você aprendeu com as escolhas feitas por cada uma delas e qual é a lição que você pode tirar para o seu coração.

   - Eva (Gênesis 3:1-6):

_____
_____

QUESTÕES PARA O ESTUDO

_____
_____
_____
_____

- A esposa de Ló (Gênesis 13:10,11):

_____
_____
_____
_____
_____
_____

- Maria, a mãe de Jesus (Lucas 1:26-38):

_____
_____
_____
_____
_____
_____

- Maria, aquela que se sentou aos pés de Jesus (Lucas 10:38-42):

_____
_____
_____
_____
_____
_____

5. Conforme afirmamos no capítulo, as escolhas são uma questão da vontade. Você precisa decidir o que fará e o que não fará, como agirá e como não agirá. Com o que você luta atualmente ou qual a dificuldade que você enfrenta neste momento — seu desafio número um para hoje? Antes de enfrentá-lo, determine de antemão...

- O que você fará e o que não fará —

_____
_____
_____
_____
_____
_____

- Como você agirá e como não agirá —

_____
_____
_____
_____
_____
_____

- O que você dirá e o que não dirá —

_____
_____
_____
_____
_____
_____

6. A seguir escreva uma oração para que Deus a ajude a fazer as escolhas certas e a oriente em suas decisões para esse dia apenas!

_____
_____
_____
_____
_____

capítulo dois

SETE PASSOS PARA FAZER AS ESCOLHAS CERTAS

1. O primeiro passo para enfrentar aqueles momentos em que seu dia sai dos trilhos é fazer uma pausa — imediatamente! Isso porque a forma mais segura de fazer a escolha errada é agir impulsivamente sem raciocinar primeiro. Examine os últimos dias em busca de um exemplo em que teria sido melhor se você tivesse decidido fazer uma pausa, mas não o fez? Que lição você aprendeu com esse episódio?

   _____
   _____
   _____
   _____
   _____

2. O segundo passo é esperar. Tente pensar em pelo menos três benefícios de esperar, em vez de reagir sem pensar:

   _____
   _____
   _____
   _____
   _____

3. O terceiro passo para fazer as escolhas certas é buscar as Escrituras. Em que áreas você se surpreende "tropeçando" com regularidade? Você conhece algumas passagens das Escrituras

QUESTÕES PARA O ESTUDO

para as quais pode recorrer em busca de ajuda nessas áreas? Como Filipenses 4:6 se aplica àqueles momentos em que se sente ansiosa? Tente encontrar uma passagem para cada um dos dois ou três problemas com que você depara com maior frequência. Escreva as referências das Escrituras a seguir e depois inicie a prática de voltar a elas sempre que precisar de alguma ajuda.

_____
_____
_____
_____
_____

4. O quarto passo é orar. Quando buscamos ajuda ou soluções, com frequência a última coisa que fazemos é orar, embora essa deva ser nossa primeira atitude. Em Mateus 26:39, lemos sobre Jesus momentos antes de ser preso e crucificado. Qual foi a atitude dele? E qual foi o pedido que ele fez? Por que esse também deveria ser nosso pedido?

_____
_____
_____
_____
_____

5. O quinto passo é buscar o conselho de outras pessoas. Quais são as qualidades que você deve buscar em alguém que possa aconselhá-la? Você consegue compartilhar um exemplo em que o conselho de outra mulher foi imensamente útil em sua vida?

_____
_____
_____
_____
_____
_____

6. O sexto passo envolve tomar uma decisão. Até o momento, você já consultou a Bíblia, buscou Deus em oração e pediu conselho a outras pessoas. Como tudo isso ajudará você a modelar a escolha derradeira a ser feita?

_____
_____
_____
_____
_____
_____

7. Por fim, o sétimo passo é agir de acordo com sua decisão. Isso pode demandar algum tempo, mas essa espera vale a pena. Há alguma decisão que você precisa tomar hoje? Separe um tempo agora para caminhar ao longo dos sete passos enumerados aqui antes de tomar sua decisão.

_____
_____
_____
_____
_____
_____

capítulo três
APROVEITANDO SEU DIA

1. A que se assemelham os primeiros minutos de uma manhã típica em sua vida? Em quais áreas você percebe que existe espaço para aprimoramento?

   _____
   _____
   _____
   _____
   _____
   _____
   _____

2. Você provavelmente já escutou o ditado: "Onde existe vontade, existe sempre um caminho". É verdade: quando estamos motivadas a nos levantar, isso acontecerá. Quais são seus principais motivadores para se levantar da cama? Enumere-os aqui.

   _____
   _____
   _____
   _____
   _____
   _____
   _____

3. Por que o fato de escrever sua agenda na noite anterior ajuda a tornar seu dia mais eficiente?

   _____
   _____
   _____

4. Em uma escala de 1 a 10, com 10 sendo a melhor nota possível, como você avaliaria a administração de seu tempo? Pense na forma como você gasta os primeiros minutos de seu dia — que impacto eles têm no restante dele?

5. Começando amanhã, que passo você pode dar — mesmo que seja apenas um muito simples — para ajudar a aprimorar a maneira como você começa seu dia? Lembre-se: grandes resultados começam com pequenos passos!

6. Leia a seção "Coisas a fazer hoje para que você possa aproveitar seu dia". Que passo nessa lista é particularmente poderoso para você neste momento? Por quê?

_____
_____
_____
_____
_____
_____

capítulo quatro

ALIMENTANDO A CHAMA DE SEU CORAÇÃO

1. De que maneiras a leitura de sua Bíblia logo cedo pela manhã faz diferença no restante de seu dia?

   _____
   _____
   _____
   _____
   _____

2. George Müller escreveu: "O vigor de nossa vida espiritual está na proporção exata da posição que a Bíblia ocupa em nossa vida e pensamentos.". De acordo com Salmos 19:7-11, de que formas a leitura da Bíblia pode trazer vigor à sua vida espiritual?

   _____
   _____
   _____
   _____
   _____

3. Você consegue compartilhar um período específico em que as Escrituras forneceram a sabedoria necessária em meio a uma crise?

   _____
   _____
   _____
   _____
   _____

QUESTÕES PARA O ESTUDO | 203

4. Reveja a seção "Um choque de realidade!" e analise o que está errado com o seguinte raciocínio: Não tenho tempo para parar e passar tempo com Deus.

_____

_____

_____

_____

5. Na seção "Conte suas bênçãos", examine mais uma vez as formas pelas quais a Bíblia pode lhe trazer bênçãos. Que bênçãos são especialmente relevantes para você neste momento? Por quê? Separe algum tempo agora e agradeça a Deus por tudo o que ele provê para você nas Escrituras.

_____

_____

_____

_____

6. Leia toda a seção "As diretrizes de Deus para você fazer as escolhas certas... sobre como se envolver com a Bíblia". Qual verdade nessa lista é particularmente poderosa para você neste momento de sua vida? Por quê?

_____

_____

_____

_____

capítulo cinco
FORTALECENDO-SE PARA UM GRANDE DIA

1. Deus está disponível para você 24 horas por dia, 7 dias por semana. O que isso lhe diz sobre a extensão do cuidado do Senhor para com você?

   _____
   _____
   _____
   _____
   _____

2. Examine a seção "Dez razões pelas quais não oramos". Quais são as duas ou três desculpas para não orar que você mais utiliza? Que passos você deve dar para fazer que essas desculpas deixem de ser um problema?

   _____
   _____
   _____
   _____
   _____

3. "Qualquer oração é melhor que nenhuma oração!" Uma maneira muito útil de vencer a falta de disciplina no que diz respeito à oração é firmar um compromisso — e cumpri-lo! Para mim, isso começou quando programei o relógio da cozinha para soar após cinco minutos de oração. O que você pode fazer, começando hoje, para transformar a oração em um hábito regular, mesmo que esse seja apenas um pequeno passo?

QUESTÕES PARA O ESTUDO

_____
_____
_____
_____
_____

4. Uma grande forma de reconhecer o poder da oração é por meio do registro dos pedidos de oração em um diário. Depois, com o passar do tempo e à medida que Deus operar em sua vida, você pode rever esses pedidos e se maravilhar com a forma pela qual ele respondeu às suas petições. Mais uma vez, começar com pequenos passos é melhor do que não fazer nada! Você pode começar neste momento escrevendo o nome de outras pessoas que precisam de oração e observando quaisquer preocupações específicas que queira apresentar ao Senhor.

_____
_____
_____
_____
_____
_____

5. Conforme Filipenses 4:6,7 afirma, devemos orar em vez de nos preocupar. O que está deixando você ansiosa hoje? Separe um tempo para orar neste momento. E o que o versículo 7 anuncia que acontecerá quando você abrir mão verdadeiramente de suas preocupações e depositá-las nas mãos mais que competentes do Senhor?

_____
_____

6. Leia a seção "As diretrizes de Deus para você fazer as escolhas certas... sobre a oração". Qual verdade dessa lista é particularmente poderosa para você neste momento? Por quê?

capítulo seis
TENDO UMA VIDA MAIS PARECIDA COM A DE JESUS

1. Com a ajuda da seção O que significa andar pelo Espírito, explique com suas próprias palavras o que quer dizer andar pelo Espírito Santo.

   _____
   _____
   _____
   _____
   _____

2. Uma das virtudes do fruto do Espírito é a alegria. Conforme se afirmou na subseção "A alegria é "o sacrifício do louvor" , qual é a distinção entre alegria espiritual e a emoção da felicidade? Qual é o foco da alegria espiritual? E qual é o foco de emoção da felicidade?

   _____
   _____
   _____
   _____
   _____
   _____

3. Leia as "regras" de John Wesley referentes ao princípio de fazer tudo (veja a subseção "A bondade escolhe 'fazer tudo'"). Se você tivesse de transmitir esse princípio a uma pessoa próxima (como seu marido, filhos ou amiga querida) — por apenas um dia —, a que isso se assemelharia?

4. O que o domínio próprio escolhe fazer? Em que áreas de sua vida você gostaria de seguir a liderança do Espírito e exercitar mais o domínio próprio?

5. Não é possível andar ao mesmo tempo pelo pecado e pelo Espírito. Conforme nos exorta Gálatas 5:16: Andai pelo Espírito e nunca satisfareis os desejos da carne. Leia 1João 1:9. Existe atualmente em seu coração algum pecado que você precisa confessar a Deus? Separe um tempo agora para orar e confessá-lo ao Senhor de modo que você possa fazer a escolha de andar pelo Espírito!

QUESTÕES PARA O ESTUDO | 209

6. Leia a seção "As diretrizes de Deus para você fazer as escolhas certas... sobre como ter uma vida mais parecida com a vida de Jesus". Qual verdade nessa lista é particularmente poderosa para você neste momento? Por quê?

_____
_____
_____
_____
_____

capítulo sete

TIRANDO O MELHOR PROVEITO DE SEU TEMPO

1. Leia Efésios 5:15,16. Quando você pensa na expressão "tempo desperdiçado", o que lhe vem à mente de imediato? Como as atividades que desperdiçam seu tempo podem ser substituídas?

   _____
   _____
   _____
   _____
   _____

2. De acordo com Salmos 90:12, qual é o resultado de contarmos nossos dias?

   _____
   _____
   _____
   _____
   _____

3. A seguir, enumero algumas escolhas que você pode fazer agora mesmo para poder usar melhor seu tempo. Para cada uma delas, pense em uma única ação que você pode realizar hoje a fim de começar a remir seu tempo de forma mais sábia. Mais uma vez, é muito bom começar com passos pequenos. Até mesmo um pequeno passo em cada área acrescentará algo e fará uma grande diferença!

   - Escolha fazer agora mesmo:

   _____

- Escolha fazer um plano ou agenda:

  _____

- Escolha administrar seu tempo gasto com as pessoas:

  _____

- Escolha multiplicar suas atividades:

  _____

- Escolha limitar o tempo gasto em seu computador:

  _____

- Escolha limitar seu tempo ao telefone:

  _____

- Escolha seu material de leitura cuidadosamente:

  _____

- Escolha a prioridade correta:

  _____

4. Leia a seção "As diretrizes de Deus para você fazer as escolhas certas... sobre valorizar seu tempo". Qual das verdades enumeradas ali é particularmente poderosa para você neste momento? Por quê?

   _____

   _____

   _____

capítulo oito

ACABANDO COM SEU HÁBITO DE SE PREOCUPAR

1. Que ordem Jesus nos dá em Mateus 6:25? Por que devemos obedecer à sua ordem? (Mateus 6:32)? E o que devemos fazer em vez disso (Mateus 6:33)?

   _____
   _____
   _____
   _____
   _____
   _____

2. Quando se trata da preocupação, Filipenses 4:6 oferece tanto uma ordem quanto uma cura. Qual é a ordem? Qual é a cura? Que preocupações você tem hoje, que podem ser entregues a Deus agora mesmo em oração?

   _____
   _____
   _____
   _____
   _____
   _____

3. Reveja a seção "Escolha não se preocupar". Quais são alguns dos benefícios que você desfrutará quando entregar suas ansiedades a Deus?

QUESTÕES PARA O ESTUDO

_____
_____
_____
_____
_____
_____

4. Uma das diretrizes para escolher não se preocupar é "acreditar que Deus tem em mente o que é melhor para você". De que maneira os versículos a seguir confirmam essa verdade?

- Deuteronômio 31:6:
_____
_____

- Hebreus 4:16:
_____
_____

- Naum 1:7:
_____
_____

- Salmos 23:4,5:
_____
_____

5. Leia a seção "As diretrizes de Deus para você fazer as escolhas certas... sobre não se preocupar". Qual verdade nessa lista é particularmente poderosa para você neste momento de sua vida? Por quê?

_____

capítulo nove

ADMINISTRANDO SUAS AMIZADES

1. Embora você não seja responsável por aquilo que seus amigos fazem ou deixam de fazer, é responsável pelo tipo de amiga que você é. Por que, ao fazer as seguintes escolhas, você seria uma melhor amiga para as outras pessoas?

- Escolher ficar mais próxima do Senhor:

_____
_____
_____

- Escolher ser você mesma:

_____
_____

- Escolher ser leal:

_____
_____

- Escolher ser honesta:

_____
_____

- Escolher encorajar:

_____
_____

- Escolher cultivar suas amizades:

2. De que formas você pode considerar seus pais bons amigos (ou, se não seus pais, talvez seus irmãos ou outros parentes próximos)? Quais são duas maneiras-chave pelas quais você conseguirá desenvolver ainda mais essa amizade?

3. Por que você acha que as Escrituras oferecem alertas sobre certos tipos de amizades a serem evitadas? Quais são os possíveis perigos de considerar esses alertas de forma leviana?

4. Na seção "As diretrizes de Deus para você fazer as escolhas certas... sobre amizades", enumerei cinco qualidades que você deve buscar nas boas amizades. Quais são outras duas ou três qualidades adicionais que você considera importantes com relação às amizades?

QUESTÕES PARA O ESTUDO

5. Leia a seção "As diretrizes de Deus para você fazer as escolhas certas... sobre amizades". Qual verdade nessa lista é particularmente poderosa para você neste momento de sua vida? Por quê?

capítulo dez
PRESTANDO ATENÇÃO NAQUILO QUE VOCÊ DIZ

1. Um incentivo para evitar a fofoca é refletir sobre como isso a feriu no passado. Pense em uma ocasião na qual as palavras infelizes de outra pessoa lhe causaram dor. Fundamentada nesse exemplo, o que você pode adotar para evitar causar dor às outras pessoas?

   _____
   _____
   _____
   _____
   _____

2. Examine a seção "Três categorias de fofoca" e responda às seguintes questões:

   - De que maneiras algumas vezes racionalizamos a fofoca? Como podemos determinar quando estamos caindo nessa armadilha?

     _____
     _____
     _____
     _____
     _____
     _____

   - Descreva como funciona a fofoca inocente. Mais uma vez, existem maneiras de identificar se estamos nos envolvendo com esse tipo de fofoca?

     _____
     _____

QUESTÕES PARA O ESTUDO

3. Examine a seção "Como trabalhar para eliminar a fofoca de sua vida?". Quais são algumas diretrizes que você pode adotar para evitar que sua conversa se transforme em fofoca?

4. Uma dica para evitar a fofoca é usar palavras de elogio. Em um mundo cheio de falas negativas, você se sobressairá com uma diferença reconfortante — e as outras pessoas apreciarão a ideia de ter amizade com você! De que maneiras você pode elogiar os outros e ser uma mulher que age em favor das outras mulheres, em vez de contra elas?

5. Leia a seção "As diretrizes de Deus para você fazer as escolhas certas... sobre o cuidado com as palavras". Qual verdade nessa lista é particularmente poderosa para você neste exato momento de sua vida? Por quê?

capítulo onze
EXPANDINDO SUA MENTE

1. Na seção "Aprendizado como estilo de vida", enumerei várias maneiras de encarar o aprendizado. Qual delas se mostra mais encorajadora para você? Como você pode transformá-la em realidade em sua vida?

   _____
   _____
   _____
   _____
   _____
   _____
   _____

2. Leia Provérbios 4:5-9. Quais são alguns benefícios de buscar a sabedoria?

   _____
   _____
   _____
   _____
   _____
   _____

3. Pense um momento em suas escolhas de leitura neste momento de sua vida. São as melhores escolhas possíveis? Ou você consegue ver espaço para aprimoramento? Que mudanças você pode fazer?

   _____
   _____

4. Leia Colossenses 3:23,24. Se você registrasse esses versículos em um cartão ou em seu computador (ou ainda em um livro), como isso poderia afetar suas escolhas de leitura? Quando você está atenta ao que a Palavra de Deus diz, isso ajuda você a fazer as melhores escolhas possíveis.

5. Quando minha sogra, Lois, morreu, pudemos dizer que ela "morreu aprendendo". Que tipo de legado você gostaria de deixar para as outras pessoas em relação a seu aprendizado?

6. Leia a seção "As diretrizes de Deus para você fazer as escolhas certas... sobre aprender". Qual verdade nessa lista é particularmente poderosa para você neste momento de sua vida? Por quê?

_____
_____
_____
_____
_____
_____

capítulo doze
PRATICANDO SUAS PRIORIDADES
Parte 1

1. Neste capítulo e no seguinte, listamos oito áreas da vida que exigem objetivos. A seguir, você verá as primeiras quatro áreas. A qual dessas áreas você dedicou mais atenção e considerou estabelecer objetivos? Classifique-as em uma escala de 1 a 10, em que 1 significa não dedicou nenhum atenção à área e 10 quer dizer que você pensou muito a respeito.

    - Espiritual:
    _____

    - Intelectual:
    _____

    - Física:
    _____

    - Social:
    _____

2. De acordo com o que você deseja, qual deve ser seu objetivo número um em cada área neste momento de sua vida? Isso pode exigir alguma reflexão — porém, mais uma vez, tudo bem se você começar com um passo pequeno.

    - Espiritual:
    _____
    _____
    _____

QUESTÕES PARA O ESTUDO

_____
_____

- Intelectual:

_____
_____
_____
_____
_____

- Física:

_____
_____
_____
_____
_____

- Social:

_____
_____
_____
_____
_____

3. Separe algum tempo agora para orar sobre essas prioridades, pedindo a Deus que a ajude a transformá-las em realidade em sua vida — não apenas hoje, mas nas semanas e nos meses por vir.

4. Leia a seção "As diretrizes de Deus para você fazer as escolhas certas... sobre prioridades (parte 1)". Qual verdade nessa lista é particularmente poderosa para você neste momento de sua vida? Por quê?

capítulo doze
PRATICANDO SUAS PRIORIDADES
Parte 2

1. Neste capítulo e no anterior, listamos oito áreas da vida que exigem como objetivos. A seguir, você verá as últimas quatro áreas. A qual dessas áreas você dedicou mais atenção e considerou estabelecer objetivos? Classifique-as em uma escala de 1 a 10, em que 1 significa não dedicou nenhum atenção à área e 10 quer dizer que você pensou muito a respeito.

   - Vocacional:
   _____

   - Financeira:
   _____

   - Familiar:
   _____

   - Ministerial:
   _____

2. De acordo com o que você deseja, qual deve ser seu objetivo número um em cada área neste momento de sua vida? Isso pode exigir alguma reflexão — porém, mais uma vez, tudo bem se você começar com um passo pequeno.

   - Vocacional:
   _____
   _____

- Financeira:

- Familiar:

- Ministerial:

3. Separe algum tempo agora para orar sobre essas prioridades, pedindo a Deus que a ajude a transformá-las em realidade em sua vida — não apenas hoje, mas nas semanas e nos meses por vir.

_____
_____
_____
_____
_____
_____

4. Leia a seção "As diretrizes de Deus para você fazer as escolhas certas... sobre prioridades (parte 2)". Qual verdade nessa lista é particularmente poderosa para você neste momento de sua vida? Por quê?

_____
_____
_____
_____
_____
_____

capítulo treze
CONTANDO COM A ORIENTAÇÃO DE DEUS

1. Quando se trata de fazer as escolhas certas, Provérbios 3:5,6 representa uma tremenda ajuda. Reproduza esses versículos no espaço a seguir.

   _____
   _____
   _____
   _____
   _____

2. Observe que o versículo 5 diz que você pode confiar em Deus de todo o coração. Deus sabe 100% do tempo o que é 100% melhor para você. Por que você reluta algumas vezes para entregar toda a sua confiança ao Senhor? Quando fazemos isso, o que estamos transmitindo a ele?

   _____
   _____
   _____
   _____
   _____

3. O versículo 6 assegura-nos que, quando você reconhece Deus em todos os momentos, ele dirige seus passos. Você poderia citar um exemplo específico em que Deus a orientou em algum momento no passado? Qual o impacto dessa orientação em sua vida?

4. Você algumas vezes imagina como Deus é capaz de perdoá-la? Que conforto encontramos em 1João 1:9 com relação ao perdão de Deus para nossa vida?

5. Leia a seção "As diretrizes de Deus para você fazer as escolhas certas... sobre contar com a orientação de Deus". Qual verdade nessa lista é particularmente poderosa para você neste momento de sua vida? Por quê?

PLANO DE LEITURA DIÁRIA PARA LER A BÍBLIA EM UM ANO

JANEIRO

dia	Gênesis
☐ 1	1—3
☐ 2	4—7
☐ 3	8—11
☐ 4	12—15
☐ 5	16—18
☐ 6	19—22
☐ 7	23—27
☐ 8	28—30
☐ 9	31—34
☐ 10	35—38
☐ 11	39—41
☐ 12	42—44
☐ 13	45—47
☐ 14	48—50

dia	Êxodo
☐ 15	1—4
☐ 16	5—7
☐ 17	8—11
☐ 18	12—14
☐ 19	15—18
☐ 20	19—21
☐ 21	22—24
☐ 22	25—28
☐ 23	29—31
☐ 24	32—34
☐ 25	35—37
☐ 26	38—40

dia	Levítico
☐ 27	1—3
☐ 28	4—6
☐ 29	7—9
☐ 30	10—13
☐ 31	14—16

FEVEREIRO

- [ ] 1   17—20
- [ ] 2   21—23
- [ ] 3   24—27

dia   Números

- [ ] 4   1—2
- [ ] 5   3—4
- [ ] 6   5—6
- [ ] 7   7—8
- [ ] 8   9—10
- [ ] 9   11—13
- [ ] 10   14—15
- [ ] 11   16—17
- [ ] 12   18—19
- [ ] 13   20—21
- [ ] 14   22—23
- [ ] 15   24—26
- [ ] 16   27—29
- [ ] 17   30—32
- [ ] 18   33—36

dia   Deuteronômio

- [ ] 19   1—2
- [ ] 20   3—4
- [ ] 21   5—7
- [ ] 22   8—10
- [ ] 23   11—13
- [ ] 24   14—16
- [ ] 25   17—20
- [ ] 26   21—23
- [ ] 27   24—26
- [ ] 28   27—28

MARÇO

- [ ] 1   29—30
- [ ] 2   31—32
- [ ] 3   33—34

dia   Josué

- [ ] 4   1—4
- [ ] 5   5—7
- [ ] 6   8—10
- [ ] 7   11—14
- [ ] 8   15—17
- [ ] 9   18—21
- [ ] 10   22—24

dia   Juízes

- [ ] 11   1—3
- [ ] 12   4—6
- [ ] 13   7—9
- [ ] 14   10—12
- [ ] 15   13—15
- [ ] 16   16—18
- [ ] 17   19—21

dia   Rute

- [ ] 18   1—4

dia   1Samuel

- [ ] 19   1—3
- [ ] 20   4—6
- [ ] 21   7—9
- [ ] 22   10—12
- [ ] 23   13—14
- [ ] 24   15—16
- [ ] 25   17—18
- [ ] 26   19—20
- [ ] 27   21—23

PLANO DE LEITURA DIÁRIA PARA LER A BÍBLIA EM UM ANO

☐ 28	24—26		☐ 26	23—25
☐ 29	27—29		dia	1Crônicas
☐ 30	30—31		☐ 27	1—2
dia	2Samuel		☐ 28	3—5
☐ 31	1—3		☐ 29	6—7
			☐ 30	8—10

ABRIL

☐ 1	4—6			**MAIO**
☐ 2	7—10		☐ 1	11—13
☐ 3	11—13		☐ 2	14—16
☐ 4	14—15		☐ 3	17—19
☐ 5	16—17		☐ 4	20—22
☐ 6	18—20		☐ 5	23—25
☐ 7	21—22		☐ 6	26—27
☐ 8	23—24		☐ 7	28—29
dia	1Reis		dia	2Crônicas
☐ 9	1—2		☐ 8	1—4
☐ 10	3—5		☐ 9	5—7
☐ 11	6—7		☐ 10	8—10
☐ 12	8—9		☐ 11	11—14
☐ 13	10—12		☐ 12	15—18
☐ 14	13—15		☐ 13	19—21
☐ 15	16—18		☐ 14	22—25
☐ 16	19—20		☐ 15	26—28
☐ 17	21—22		☐ 16	29—31
dia	2Reis		☐ 17	32—33
☐ 18	1—3		☐ 18	34—36
☐ 19	4—6		dia	Esdras
☐ 20	7—8		☐ 19	1—4
☐ 21	9—11		☐ 20	5—7
☐ 22	12—14		☐ 21	8—10
☐ 23	15—17		dia	Neemias
☐ 24	18—19		☐ 22	1—3
☐ 25	20—22		☐ 23	4—7

☐ 24	8—10		☐ 22	86—90	
☐ 25	11—13		☐ 23	91—98	
dia	Ester		☐ 24	99—104	
☐ 26	1—3		☐ 25	105—107	
☐ 27	4—7		☐ 26	108—113	
☐ 28	8—10		☐ 27	114—118	
dia	Jó		☐ 28	119	
☐ 29	1—4		☐ 29	120—134	
☐ 30	5—8		☐ 30	135—142	
☐ 31	9—12				

JUNHO

JULHO

☐ 1	13—16		☐ 1	143—150	
☐ 2	17—20		dia	Provérbios	
☐ 3	21—24		☐ 2	1—3	
☐ 4	25—30		☐ 3	4—7	
☐ 5	31—34		☐ 4	8—11	
☐ 6	35—38		☐ 5	12—15	
☐ 7	39—42		☐ 6	16—18	
dia	Salmos		☐ 7	19—21	
☐ 8	1—8		☐ 8	22—24	
☐ 9	9—17		☐ 9	25—28	
☐ 10	18—21		☐ 10	29—31	
☐ 11	22—28		dia	Eclesiastes	
☐ 12	29—34		☐ 11	1—4	
☐ 13	35—39		☐ 12	5—8	
☐ 14	40—44		☐ 13	9—12	
☐ 15	45—50		dia	Cantares de Salomão	
☐ 16	51—56		☐ 14	1—4	
☐ 17	57—63		☐ 15	5—8	
☐ 18	64—69		dia	Isaías	
☐ 19	70—74		☐ 16	1—4	
☐ 20	75—78		☐ 17	5—8	
☐ 21	79—85		☐ 18	9—12	
			☐ 19	13—15	

☐ 20	16—20
☐ 21	21—24
☐ 22	25—28
☐ 23	29—32
☐ 24	33—36
☐ 25	37—40
☐ 26	41—43
☐ 27	44—46
☐ 28	47—49
☐ 29	50—52
☐ 30	53—56
☐ 31	57—60

AGOSTO

| ☐ 1 | 61—63 |
| ☐ 2 | 64—66 |

dia Jeremias

☐ 3	1—3
☐ 4	4—6
☐ 5	7—9
☐ 6	10—12
☐ 7	13—15
☐ 8	16—19
☐ 9	20—22
☐ 10	23—25
☐ 11	26—29
☐ 12	30—31
☐ 13	32—34
☐ 14	35—37
☐ 15	38—40
☐ 16	41—44
☐ 17	45—48
☐ 18	49—50
☐ 19	51—52

dia Lamentações

| ☐ 20 | 1—2 |
| ☐ 21 | 3—5 |

dia Ezequiel

☐ 22	1—4
☐ 23	5—8
☐ 24	9—12
☐ 25	13—15
☐ 26	16—17
☐ 27	18—20
☐ 28	21—23
☐ 29	24—26
☐ 30	27—29
☐ 31	30—31

SETEMBRO

☐ 1	32—33
☐ 2	34—36
☐ 3	37—39
☐ 4	40—42
☐ 5	43—45
☐ 6	46—48

dia Daniel

☐ 7	1—2
☐ 8	3—4
☐ 9	5—6
☐ 10	7—9
☐ 11	10—12

dia Oseias

☐ 12	1—4
☐ 13	5—9
☐ 14	10—14
☐ 15	Joel

dia	Amós
☐ 16	1—4
☐ 17	5—9
☐ 18	Obadias e Jonas
dia	Miqueias
☐ 19	1—4
☐ 20	5—7
☐ 21	Naum
☐ 22	Habacuque
☐ 23	Sofonias
☐ 24	Ageu
dia	Zacarias
☐ 25	1—4
☐ 26	5—9
☐ 27	10—14
☐ 28	Malaquias
dia	Mateus
☐ 29	1—4
☐ 30	5—7

OUTUBRO

☐ 1	8—9
☐ 2	10—11
☐ 3	12—13
☐ 4	14—16
☐ 5	17—18
☐ 6	19—20
☐ 7	21—22
☐ 8	23—24
☐ 9	25—26
☐ 10	27—28
dia	Marcos
☐ 11	1—3
☐ 12	4—5

☐ 13	6—7
☐ 14	8—9
☐ 15	10—11
☐ 16	12—13
☐ 17	14
☐ 18	15—16
dia	Lucas
☐ 19	1—2
☐ 20	3—4
☐ 21	5—6
☐ 22	7—8
☐ 23	9—10
☐ 24	11—12
☐ 25	13—14
☐ 26	15—16
☐ 27	17—18
☐ 28	19—20
☐ 29	21—22
☐ 30	23—24
dia	João
☐ 31	1—3

NOVEMBRO

☐ 1	4—5
☐ 2	6—7
☐ 3	8—9
☐ 4	10—11
☐ 5	12—13
☐ 6	14—16
☐ 7	17—19
☐ 8	20—21
dia	Atos dos Apóstolos
☐ 9	1—3
☐ 10	4—5

PLANO DE LEITURA DIÁRIA PARA LER A BÍBLIA EM UM ANO | 239

☐ 11	6—7	
☐ 12	8—9	
☐ 13	10—11	
☐ 14	12—13	
☐ 15	14—15	
☐ 16	16—17	
☐ 17	18—19	
☐ 18	20—21	
☐ 19	22—23	
☐ 20	24—26	
☐ 21	27—28	
dia	Romanos	
☐ 22	1—3	
☐ 23	4—6	
☐ 24	7—9	
☐ 25	10—12	
☐ 26	13—14	
☐ 27	15—16	
dia	1Coríntios	
☐ 28	1—4	
☐ 29	5—7	
☐ 30	8—10	

DEZEMBRO

☐ 1	11—13	
☐ 2	14—16	
dia	2Coríntios	
☐ 3	1—4	
☐ 4	5—9	
☐ 5	10—13	
dia	Gálatas	
☐ 6	1—3	
☐ 7	4—6	
dia	Efésios	
☐ 8	1—3	
☐ 9	4—6	
☐ 10	Filipenses	
☐ 11	Colossenses	
☐ 12	1Tessalonicenses	
☐ 13	2Tessalonicenses	
☐ 14	1Timóteo	
☐ 15	2Timóteo	
☐ 16	Tito e Filemom	
dia	Hebreus	
☐ 17	1—4	
☐ 18	5—8	
☐ 19	9—10	
☐ 20	11—13	
☐ 21	Tiago	
☐ 22	1Pedro	
☐ 23	2Pedro	
☐ 24	1João	
☐ 25	2João, 3João e Judas	
dia	Apocalipse	
☐ 26	1—3	
☐ 27	4—8	
☐ 28	9—12	
☐ 29	13—16	
☐ 30	17—19	
☐ 31	20—22	

Sua opinião é importante para nós.

Por gentileza, envie-nos seus comentários pelo e-mail:

editorial@hagnos.com.br

Visite nosso site:

www.hagnos.com.br